DE LA CONDITION DE VIDUITÉ ET DES DÉCHÉANCES CAUSÉES PAR LE REMARIAGE

PAR

PIERRE DUBOIS
DOCTEUR EN DROIT

LIBRAIRIE
DE LA SOCIÉTÉ DU
RECUEIL SIREY
22, Rue Soufflot, PARIS-5e
L. LAROSE & L. TENIN, Directeurs

1911

Hommage très resp

P. Dubo

DE LA

CONDITION DE VIDUITÉ

ET DES DÉCHÉANCES

CAUSÉES PAR LE REMARIAGE

DE LA

CONDITION DE VIDUITÉ

ET DES DÉCHÉANCES

CAUSÉES PAR LE REMARIAGE

INTRODUCTION

§ I : *Définition de la condition de viduité.*

§ II : *Plan de cette Thèse.*

§ I

Une condition est un événement futur et incertain dont dépend l'existence ou la résolution d'un droit.

La condition diffère du terme par l'incertitude de l'événement et par son effet rétroactif.

Le mariage peut évidemment être envisagé comme un événement futur et incertain, il peut donc faire l'objet d'une condition. En fait, on connaît un grand nombre de conditions relatives au mariage. Il y a lieu de citer :

1° Celle de se marier.

2° Celle de se marier avec telle personne déterminée.

3° Celle de ne se marier qu'avec l'autorisation d'une autre personne.

4° La condition de ne pas se marier avec une personne déterminée.

5° Celle de ne pas se marier du tout.

Et enfin 6° la condition de viduité pour laquelle l'événement futur et incertain est le remariage.

Cette dernière condition est de beaucoup la plus importante des cinq, elle fera seule l'objet de cette thèse. Toutefois elle ne sera étudiée que comme condition résolutoire, car c'est presque sous ce seul aspect qu'elle se présente en pratique et qu'elle donne lieu du reste à des difficultés ; considérée comme suspensive, elle ne diffère en rien des autres conditions.

Des conditions peuvent être insérées dans des actes faits entre particuliers : conventions, donations, testaments. C'est généralement dans ces actes qu'on les étudie. Elles peuvent aussi se présenter dans la loi : l'article 1184 du Code civil en est un exemple important. De même la condition de viduité se rencontre dans de nombreux textes de loi.

§ II.

Cette thèse, qui a pour but d'être une monographie sur cette question, comprend trois parties :

La première est une étude historique. Il y aura lieu de rappeler les législations précédentes dont certaines ont été particulièrement importantes, comme la législation romaine et celle de la période intermédiaire. La partie historique est du plus haut intérêt dans notre question, car l'étude du passé nous apprend à solutionner les difficultés du présent et surtout nous montre quelles ont pu être les intentions du législateur quand il a fait notre Code civil.

Dans la seconde partie est étudiée la condition de viduité dans les conventions, les donations et les testaments, en un mot dans les actes faits par les particuliers ; c'est là qu'elle donne lieu à cette multitude de procès que signalent nos recueils de jurisprudence. La question de la validité de la condition de viduité doit être tranchée, puis il y a lieu de constater comment, considérée *a priori* comme valable, cette condition peut ensuite rendre caduque une libéralité qui y est soumise ; enfin il faut examiner si la Cour de cassation, dans ses nombreux arrêts, n'a pas excédé ses pouvoirs et empiété sur les attributions des Cours d'appel.

Enfin dans la troisième partie nous étudions les « conditions légales de viduité ». Cette expression peut être critiquée, certains préféreront « dispositions légales visant le remariage » ; ils feront en effet remarquer qu'une condition se reconnaît à deux éléments : l'incertitude de l'événement et son caractère rétroactif. Or, dans nos conditions légales de viduité, la rétroactivité fait le plus souvent défaut. Il y a lieu de répondre que tout comme le principe de l'indivisibilité à l'égard de l'hypothèque, celui de la rétroactivité à l'égard de la condition est en droit de sa nature et non de son essence. On peut signaler des conditions ayant un effet plus ou moins rétroactif : pour le réméré, par exemple, contrairement à ce qui se passe pour la propriété résoluble ordinaire, la rétroactivité ne s'applique pas à la restitution des fruits. Bien plus, des auteurs modernes ont démontré que c'est à tort que l'on croyait qu'en droit romain les conditions étaient rétroactives : cette théorie n'a dû son origine qu'à des textes mal compris (1).

Pour les conditions légales de viduité, la question qui doit retenir surtout l'attention est celle de leur légitimité. Il y a lieu de se demander si l'on doit émettre des vœux en faveur d'une réforme législative sur ce point.

Nous aurons donc étudié la condition de viduité à ses trois époques : son passé, en en retraçant son histoire ; son

(1) V. Girard, *Manuel de droit romain*, p. 446, note 4.

état actuel, en exposant les difficultés qu'elle suscite ; son avenir, en cherchant à améliorer la législation qui la concerne.

Faisons une dernière observation pour terminer cette introduction déjà longue. Quand nous eûmes l'intention de prendre la condition de viduité comme sujet de thèse, certains, à qui nous demandâmes conseil, doutaient qu'elle fût un assez vaste sujet pour donner matière à une thèse. Le simple exposé de ce plan suffit à leur répondre. D'autres ont pensé que le travail ne pourrait qu'être difficilement juridique. Pourtant peu de sujets embrassent un aussi grand nombre de « branches du droit » : droit romain, histoire du droit, droit civil, procédure et législation civile. Le sujet, nous a-t-on dit, touche surtout à la morale et à la philosophie. Certainement, mais nous n'y voyons pas d'inconvénient. Notre devoir, bien entendu, dans une thèse de doctorat en droit, est de faire un travail juridique avant tout. Puissions-nous y parvenir !

PREMIÈRE PARTIE

Historique

CHAPITRE I

DROIT ROMAIN

§ I : *De la condition de viduité.*
§ II : *Des conditions légales de viduité.*

§ I

La clause d'un testament ou d'une donation qui fait perdre à un époux, en cas de remariage, le bénéfice d'une libéralité est-elle licite en droit romain ? Voilà ce que nous avons à examiner tout d'abord.

Rappelons brièvement l'intérêt pratique de cette question.

Quand une condition impossible, illicite ou immorale, est insérée dans des donations, c'est-à-dire, dans des actes à titre gratuit entre vifs, les jurisconsultes romains, les traitant comme les actes à titre onéreux, décident que les donations elles-mêmes n'ont pas d'existence : *nullius momenti esse* ; sur ce point il n'y a pas de discussion.

Quand, au contraire, la condition impossible, illicite ou immorale, est insérée dans un testament, c'est-à-dire dans un acte contenant des dispositions à titre gratuit et à cause de mort, les jurisconsultes discutent gravement si c'est le testament qui est nul ou la condition. Les Proculiens soutiennent qu'il n'y pas de distinction à faire entre la donation et le testament ; que quand ils sont soumis à une telle condition, les testaments sont nuls comme le seraient d'autres actes. Les Sabiniens au contraire estiment qu'il y a lieu avant tout de faire triompher la volonté des parties quand on interprète un acte ; et considérant que si une donation annulée pour avoir été soumise à une condition impossible, illicite ou immorale, peut être refaite, car le donateur vit encore ; qu'au contraire, il y a impossibilité de refaire un testament annulé, ils décident que ce testament doit être exécuté comme s'il avait été fait purement et simplement : *ac si ea conditio adjecta non esset* (Gaïus, *Inst. comm.* III, § 90). Les Sabiniens finirent par triompher : *Obtinuit impossibiles conditiones testamento adscriptas pronullis habendas*. L. 3 *Dig.*, XXV, 1.

En résumé, si la condition de viduité est licite, nulle difficulté, la libéralité en cas de remariage devient caduque, qu'il y ait donation ou testament. Si la condition de viduité est illicite, la donation est elle-même nulle, même si l'époux ne vient pas à se remarier. Avec les Proculiens, le testament est également nul *ab initio*, avec les Sabiniens et le dernier état du droit il est valable, mais considéré comme pur et simple.

Jusqu'à Justinien les textes sur notre question sont peu abondants, nous en avons trois au digeste au titre de *conditionibus* et *demonstrationibus* (XXV, 1).

Dans la loi 22 à notre titre, le jurisconsulte Julien, qui vivait sous les Antonins, rapporte que si on fait un legs à une femme (*mulier*) sous la condition qu'elle ne se marierait pas : *si non nupserit*, et qu'on lui impose par fidéicommis la charge de restituer le legs à Titius si elle vient à se marier, cette femme peut réclamer ce legs sans être jamais contrainte à exécuter le fidéicommis. Certains auteurs, par exemple Demolombe, ont pensé que Julien dans l'espèce, en s'occupant de la condition *si non nupserit* n'a eu en vue que la condition absolue de ne pas se marier, et non la condition de viduité.

A cela, il y a lieu de répondre que Julien envisage la condition *si non nupserit* imposée à une *mulier* ; or qu'est-ce qu'une *mulier* en droit romain ? La loi 13 pr. L. 16 au digeste nous en donne l'explication : *Mulieris appelatione etiam virgo viripotens continetur*. Dans ce texte le jurisconsulte Paul indique que par extension le mot de *mulier* s'applique à la vierge nubile ; implicitement Paul déclare donc que le mot *mulier*, d'une façon générale, se rapporte aux femmes qui ne sont plus vierges. Julien en parlant donc de la condition *si non nupserit* imposée à une *mulier* a par conséquent surtout envisagé le cas de la femme mariée et la condition *si non nupserit* ne pouvait être dans ce cas que la condition de viduité. En résumé, il résulte de ce texte que le jurisconsulte Julien ne considère pas la condition de viduité comme valable.

La loi 62, § 2, nous donne un texte de Terentius Clemens, autre jurisconsulte vivant également sous les Antonins, dans lequel il se demande si une femme à qui son mari a légué une rente sous cette condition : *si a liberis ne nupseril*, peut continuer à toucher sa rente même si elle vient à se remarier. Notre jurisconsulte s'appuyant sur l'autorité de Julien déclare explicitement que la condition de viduité est nulle et que la rente est encore due en cas de remariage ; mais que la condition *si a liberis impuberibus ne nupserit* serait valable, car si le mari ne peut imposer la viduité à sa femme, il peut cependant se soucier de l'intérêt de ses enfants et empêcher leur mère de se remarier quand ils sont encore trop jeunes. Donc, sauf cette restriction finale, les jurisconsultes Julien et Terentius Clémens déclarent nulle la condition de viduité.

La troisième et dernière loi à notre titre, la loi, 72, § 4, ne se rapporte pas directement à notre sujet. Il y a lieu cependant de la citer, car c'est un fragment des œuvres de Papinien et qu'il montre ce célèbre jurisconsulte comme étant bien en communion d'idées avec les autres sur la question qui nous occupe. Papinien déclare en effet nulle la condition : *Si arbitratu Titii Seja nupserit, heres meus eifundum dato*, et il ajoute en outre : *respondendum est : eamque legis sententiam videri, ne quod omnino nuptiis impedimentum inferatur*

Remarquons que dans ces trois textes les jurisconsultes n'ont envisagé que la condition de viduité imposée à la veuve. Que doit-on décider de celle imposée par une femme à son mari ? Si les textes sont muets, c'est que vraisemblablement les femmes romaines, quand elles purent tester, ne furent pas amenées à penser qu'elles pussent léguer sous une pareille condition. Quant aux cas très rares qui ont pu se rencontrer, les jurisconsultes romains n'ont pas dû leur faire l'honneur de les discuter, tant ils ont dû paraître monstrueux.

Pourquoi ces jurisconsultes romains ne reconnaissent-ils pas la validité de la condition de viduité ? Il faut se garder de croire que leur opinion sur cette question soit inspirée du désir de protéger la liberté individuelle des citoyens. Emettre une pareille supposition est commettre un véritable contre-sens historique ! D'abord on peut soutenir que la condition de viduité ne porte pas atteinte à la liberté qu'on a de se remarier ; d'autre part, on peut être persuadé, qu'à une époque où on connaissait la *patria potesta*, l'*imperium* du prince, l'esclavage, et où la *manus* et la tutelle des femmes subsistaient encore à l'état de vestiges, les jurisconsultes devaient faire bon marché des principes des libertés individuelles. Ces principes nous devons les chercher dans la déclaration des droits de l'homme et du citoyen, de 1789, nous nous égarerions en voulant les découvrir à Rome.

Si les jurisconsultes romains ont proscrit la condition de viduité, c'est qu'ils se sont inspirés des idées qui ont produit les lois caducaires ; ces idées, les voici : favoriser les mariages grâce à des avantages pécuniaires et honorifiques, c'est ce que nous dit Pomponius, L. I, D. XXIV, 3 : *nam et publice interest dotes mulieribus conservari, quum dotatas esse feminas ad solobem procreandam replendamque liberis civitatem, maxime sit necessarium.* Par un argument *a fortiori,* ces mêmes jurisconsultes ne pouvaient que décider que le mariage, fût-il une seconde union, ne pouvait léser les intérêts des conjoints.

Ayant ainsi examiné les opinions des anciens juristes sur la condition de viduité et vu qu'ils se prononçaient contre sa validité, arrivons maintenant à la législation de Justinien.

Dans la constitution 2 à son Code VI, 40, de *indicta viduitate,* Justinien nous parle, pour l'abroger du reste, d'une loi Julia Miscella, loi qu'il qualifie d'*antiqua,* de *vetusta* dans sa Novelle 22, chapitre XLIII, et qui serait d'après lui l'œuvre du jurisconsulte Julius Miscellus.

Cette loi ordonnait, d'après Justinien, que les veuves, à qui avait été faite une disposition sous la condition de garder viduité, pourraient, sans avoir égard à cette condition, se remarier et profiter néanmoins de la disposition, si elles célébraient leur deuxième union dans l'année de leur veuvage après avoir déclaré solennellement et par serment que ce n'était pas la volupté qui les conduisait à ce second engagement, mais le désir de donner des enfants à l'Etat. Et Justinien ajoute que si les femmes laissaient passer l'année, elles ne pourraient entrer en possession de la libéralité, qu'en baillant caution de la restituer en cas de remariage, cette caution serait une application de la caution Mucienne.

Or, il y a lieu d'observer que le jurisconsulte Julius Miscellus est un illustre inconnu. Justinien seul lui fait l'honneur d'en parler. Les dispositions de sa loi peuvent sembler, d'autre part, tout ou moins bizarres : elles sont opposées aux principes de droit que nous avons déjà vus et qui déclarent nulle la condition de viduité et cela d'une façon radicale ; elles sont contraires aux mœurs romaines qui aiment à voir les veuves garder sévèrement pendant un an le deuil de leur mari.

On peut enfin vainement chercher au digeste un seul texte mentionnant cette loi Julia Miscella. La constitution au titre *indicta viduitate* du Code, rendue par Gratien, non seulement n'y fait pas allusion mais encore est conçue dans un sens tout opposé. Deux hypothèses sont à faire.

La première consiste à considérer la loi Julia Miscella comme étant un chapitre de la loi caducaire Julia de *maritandis ordinibus*. Elle est en effet assez conforme aux idées qui ont inspiré Auguste.

Mais on doit répondre que si la loi Julia Miscella est

aussi ancienne, nous aurions des textes au digeste pour la commenter. D'autre part, on ne voit pas pourquoi Justinien, dans la constitution au code précitée, aurait éprouvé le besoin d'abroger cette loi, car les textes au digeste que nous avons étudiés, ainsi que la constitution de Gratien sus-visée, montrent bien que la loi Julia Miscella n'était plus en application depuis longtemps. Nous devons donc rejeter cette hypothèse.

Il est préférable de penser que la loi Julia Miscella est une loi du Bas Empire, d'un empereur inconnu, proposée par un nommé Julius, à laquelle Justinien, suivant un système qui lui est cher et qui explique de nombreuses interpolations au digeste, a voulu donner une fausse ancienneté.

Les commentateurs du Code, Facciolati et Forcellini (Lexicon) font remarquer avec raison que Miscellus est un nom qui n'est guère romain. Heineccius pense que Miscellus ne serait qu'une qualification donnée à la loi en raison de la variété des sujets qu'elle traite, quant à Cujas il croit, peut-être avec raison, que cette qualification vient de ce que cette loi s'applique aussi bien aux hommes qu'aux femmes.

Par la constitution 2 C. (VI, 40) précitée, Justinien, constatant que la plupart des femmes en prêtant le serment prescrit par la loi Julia Miscella commettent des parjures, décide que les legs faits sous la condition de viduité seront exécutés purement et simplement comme si la condition n'était pas écrite : *Augeri etenim magis nostram rempublicam et multis hominibus legitime progenitis frequentari quam impiis perjuriis affici volumus.*

Par une constitution 3 au même titre rendue la même année. Justinien donna aux veufs les mêmes avantages.

Quoi que nous pensions de la loi Julia Miscella, ces deux constitutions sont très intéressantes à observer, car elles nous font bien voir l'état d'esprit de Justinien en 531 sur notre question. Deux sentiments chez lui se combattent : le premier, c'est le vieux principe qui a inspiré Auguste dans les lois caducaires et les jurisconsultes romains dans les textes précités ; le deuxième, c'est le sentiment chrétien que nous étudierons dans le chapitre III, il est peu favorable aux secondes noces et ne peut, d'autre part, que condamner les parjures. Justinien dans ces deux constitutions semble satisfaire ces deux sentiments, mais les idées chrétiennes vont bientôt le dominer encore davantage et elles sont la cause de la Novelle XXII, chapitres XLIII et XLIV.

Dans la Novelle XXII, chap. XLIII, Justinien commence par abroger ses deux constitutions précédentes, car il trouve injuste de mépriser la volonté du testament au sujet d'une condition qui n'a rien d'illicite : la veuve à qui il a été légué sous la condition de viduité doit, si elle se remarie, restituer.

La Novelle XXII, chapitre XLIV, est le dernier texte législatif romain sur notre matière ; elle est du reste d'une grande importance.

Justinien rappelle tout d'abord que si le mari ou la femme se font des libéralités sous la condition de viduité, l'époux gratifié doit ou satisfaire à la condition ou renoncer à la libéralité. Le légataire peut, quoique le legs soit conditionnel, le réclamer par une action donnée un an après la mort du testateur : cependant, s'il est entré dans les ordres sacrés, il peut se faire délivrer le legs immédiatement, puisqu'il lui est impossible de se remarier.

En recevant après l'année sa libéralité, l'époux survivant doit donner caution de la rendre avec les fruits au cas où il contreviendrait à la condition de viduité : Si la libéralité porte sur des immeubles, la caution consiste en la caution juratoire, simple promesse sous serment, et dans la garantie de la fortune personnelle du légataire. Si elle porte sur des meubles, il doit prêter la caution juratoire et donner les mêmes sûretés pour les restituer et garantir de leurs détériorations. Si la libéralité porte sur de l'argent, l'époux solvable doit prêter la caution juratoire ; l'époux pas tout à fait insolvable, la caution fidéjussoire, l'époux dans ce cas qui ne peut trouver des garants, des fidéjusseurs, prête la caution juratoire et donne des garanties sur ses biens ; enfin l'époux entièrement insolvable ne peut qu'exiger les intérêts à 3 0/0 et ne touche le capital que si l'on est certain que la condition de viduité ne sera pas violée, par exemple s'il entre dans les ordres ou s'il meurt.

Si, après la délivrance du legs, l'époux se remarie, la chose léguée peut être revendiquée en quelques mains qu'elle se trouve, qu'elle soit mobilière ou immobilière.

Justinien enfin déclare que ses dispositions législatives sont des plus générales, quelle que soit la variété de la libéralité : donation entre vifs, à cause de mort, legs, etc. ; quelle que soit la qualité de celui qui l'a faite : conjoint, parent ou étranger. Quel que soit le sexe du bénéficiaire : mari ou femme. Il reconnaît enfin que celui qui a fait le legs, peut dispenser de donner caution, car, dit-il, il n'a cherché qu'à faire observer, grâce à la loi, les volontés des morts.

En résumé, le droit romain, après avoir déclaré illicite la condition de viduité, l'a reconnue valable sous Justinien qui a même établi un système de garanties pour aider à la restitution des libéralités faites sous cette condition, en cas de remariage. Les idées chrétiennes qui étaient peu favorables aux secondes noces, et qui aimaient au contraire à voir respecter la volonté des morts, avaient donc triomphé des idées qui avaient inspiré les lois caducaires.

§ II

Les Romains des premiers temps voient avec défaveur les secondes noces, surtout à l'égard des veuves. A leur époque le lien matrimonial est extrêmement solide, le divorce est inconnu, d'autre part, la femme *cum manu*, quitte sa propre famille, pour appartenir à celle de son mari.

La loi religieuse est peu sympathique aux secondes noces, elle établit les premières déchéances. Les textes sont très nombreux pour en témoigner.

Tite-Live (X, 23) nous rapporte que certaines prérogatives du culte sont réservées aux femmes qui n'ont jamais convolé en secondes noces : c'est ainsi qu'une jeune fille appelée Virginia, après avoir épousé le consul plébéien Volumnius, fut pour cette raison écartée du temple de la *Pudicitia patricia*. Elle éleva un autel pour célébrer le culte de la *Pudicitia plebeia* ; mais, nous dit Tite-Live, n'était admise à participer à ce culte, que la femme *quæ uni viro nupta fuisset et jus sacrificandi haberet.*

D'autre part, d'après Denys d'Halicarnasse (*Ant-Rom.* VIII, 56) les femmes seules qui n'ont été mariées qu'une fois peuvent couronner la statue miraculeuse élevée par les dames romaines en mémoire de la victoire remportée sur Coriolan par Véturie sa mère et Volumnie son épouse. Nous savons par saint Jérôme (Hieronym. Ep. vol. § 906 édition Vallars) que le flamine de Jupiter doit n'avoir été marié qu'une fois ainsi que sa femme : *Flamen unius uxoris ad sacerdotium admittitur, Flamina quoque unius mariti eligitur uxor.*

Aulu-Gelle (X, 15) nous dit également que les prêtres et les prêtresses doivent n'avoir été mariés qu'une seule fois.

Tacite (*Annal* , II, 86) raconte que pour présider au culte de Vesta, la fille de Pollion fut préférée à celle d'Agrippa uniquement parce qu'elle ne s'était pas remariée.

Valère Maxime affirme que les femmes qui se remarient, n'ont plus droit de porter la couronne pudique.

La première loi défavorable aux secondes noces serait de Numa, roi d'époque légendaire (Plutarque, Numa, 12; Tacite, *Ann.*, I, 10. Dion Cassius XLVIII). Ce roi ordonna que la veuve ne pourrait se remarier avant dix mois. Le motif de cette loi n'est pas celui qu'on pourrait supposer : la crainte de la confusion de parts. Cette loi a voulu faire observer dignement aux veuves le deuil de leur mari ; ce qui prouve cette hypothèse, c'est qu'à Rome la durée d'un deuil d'ascendant ou de descendant est également de dix mois. Remarquons, en passant, que la loi de Numa n'astreint pas les veufs au deuil de leur femme. Les textes ajoutent enfin que si la veuve, sans se soucier de son deuil, convole pendant le temps prohibé, son second mariage n'est pas nul, mais elle est seulement obligée à des pénitences et à des sacrifices religieux, en particulier elle doit offrir aux dieux, pour expier sa faute, le sacrifice d'une vache pleine.

Mais bientôt les mœurs se relâchant on vit des veuves qui, sans être arrêtées par les sanctions religieuses, poussèrent l'impudence jusqu'à se remarier dès la mort de leur conjoint. Le Prêteur crut bon de sévir et de frapper d'infamie les veuves qui contreviendraient à ses volontés, ainsi que leurs nouveaux conjoints et ceux qui les avaient en puissance.

Voici le texte de l'Edit, tel qu'il est rapporté dans les

Fragments du Vatican, § 320 (Lenel, E. P. I. 103) : *Qui eam quam in potestate habet, genero mortuo, cum eum mortuum esse sciret intra id tempus quo elugere virum moris est antequam virum elugeret, in matrimonium collocaverit, camve sciens quis uxorem duxerit non jussu ejus in cujus potestate est ; et qui eum quem in virum... uti mos est non eluxerit quæ cum in parentis sui potestate non esset, viro mortuo, cum eum mortuum esse sciret, intra id tempus quo eligere virum moris est, nupserit.*

Quoique conçu presque dans les mêmes termes, ce texte diffère de celui du Digeste, L. I, III, 2, *de his quæ notantur infamia* qui ne cite pas la veuve comme étant frappée d'infamie.

Savigny (traduction Guénaux, T. II, p. 496) explique cette différence en disant que sous Justinien l'infamie n'atteignait pas les femmes.

Cette infamie prétorienne entraînait outre la déconsidération des déchéances d'ordre judiciaire. Elle empêchait ceux qui en étaient frappés de postuler pour autrui en justice, *nisi pro certis personis*, c'est-à-dire sauf pour eux-mêmes et leurs proches.

On est d'accord aujourd'hui pour considérer le catalogue des infâmes dressé par Justinien comme une innovation à laquelle le prêteur n'avait jamais songé. Justinien s'est servi pour faire ce travail du troisième édit *qui nisi pro certis ne postulent* au titre de *postulando* de *l'Edictum perpetuum*. Or, la veuve qui s'est remariée au mépris du temps prohibé ne pouvait se trouver dans cet édit, car toutes les femmes ne pouvaient à Rome postuler pour autrui aux termes du deuxième édit *qui aliis ne postulent*. C'est d'après nous ce qui explique l'absence au Digeste de la veuve qui a violé le délai de viduité, parmi les infâmes. Quant au fragment du Vatican précité, il doit appartenir à un édit spécial du prêteur sur la question et dont les termes étaient reproduits dans le troisième édit de l'*Edictum perpetuum* au titre de *postulando*, sauf ceux qui se rapportaient à la veuve.

A l'époque classique, le motif du délai de viduité a changé, les femmes ne sont plus tenues à porter le deuil de leur mari, mais on leur interdit cependant encore de se remarier pendant dix mois par crainte de la confusion de parts. De là on conclut que la veuve peut légitimement se fiancer dans les dix mois, ou se marier avant l'expiration de ce délai, si elle vient à accoucher, c'est ce que nous dit Ulpien en s'appuyant sur l'autorité de Pomponius D. III, 2, 11, § 1 et 2. Le prince peut aussi accorder des dispenses L. 10 pr. au même titre du Digeste.

Citons pour en terminer avec le délai de viduité assigné aux veuves, une constitution de 380 rendue par Gratien, Valentinien et Théodose L. I, C. V, 9, de *secundis nuptiis* qui porte le délai à un an. En cas de contravention, la veuve était frappée d'infamie, elle ne pouvait donner en dot à son second mari plus du tiers de ses biens, elle était privée du droit de recevoir tous avantages à titre gratuit :

donations, legs, héritages, sauf de parents jusqu'au troisième degré, et elle était déchue du bénéfice des libéralités qu'elle a reçues de son premier mari qui étaient recueillies par les personnes que le Préteur appelle à la B. P. unde *decem personæ*. Le texte prend soin d'ajouter qu'il y a caducité de libéralités et non confiscation : *ne in his quibus correctionem morum introduximus, fisci videamur habere rationem.* Cette loi a été évidemment inspirée par les Pères de l'Eglise, particulièrement par saint Ambroise qui vivait à cette époque et qui était très influent.

Justinien dans la Novelle, XXXIX, chapitre II, a décidé que la veuve qui accouchait, quoique n'étant pas remariée, d'un enfant onze mois après la mort de son mari subissait les mêmes déchéances. Fort judicieusement, Justinien a voulu empêcher que l'inconduite n'offrît pas plus d'avantages que le remariage.

Il y a lieu avant d'examiner les nombreuses constitutions du Bas Empire de mentionner un texte de Gaius, IV, 46, qui établit que l'affanchi aux termes d'un édit du Préteur ne pouvait épouser la veuve de son ancien patron. Une action *in factum* sanctionnait cette prohibition par une amende de dix mille sesterces.

La loi *quæ feminæ* de 382 de Valentinien, Gratien et Théodose. L. 3, C. V, 9 est très importante, elle n'est impérative que pour les veuves, mères ou aïeules. Elle leur ordonne de conserver intacts à leurs enfants du premier lit les biens qu'elles ont reçus de leurs maris à quelque titre que ce soit : donation *ante nuptias*, legs, fidéicommis, etc. Les droits de la veuve se réduisent donc par son second mariage à un simple droit de jouissance sur ces biens. Quant aux veufs, la constitution se borne à leur recommander en conscience d'avoir pour leurs enfants du premier lit la même affection que pour ceux du second lit. On voit par là que les auteurs de cette constitution ont voulu, sous l'influence du christianisme, faire autant œuvre de directeurs de consciences que de législateurs.

Une novelle de Théodose II de 444, L. 5, C. V, 9 enjoint formellement au père remarié de conserver aux enfants tous les biens qui lui sont venus de leur mère. Pendant cet intervalle Théodose, Valentinien et Arcadius (loi unique, C. V, 10) en 392 ont rendu une constitution décidant que la femme à qui le mari avait laissé l'usufruit de ses biens, en perdait la jouissance par le seul fait de son remariage et devait les restituer aux enfants de son premier mari.

Nous arrivons à la célèbre constitution *Hac Edictali* rendue en 469 par les empereurs Léon et Anthemius (L. 6, C. V, 9). Cette loi qui s'applique aux veufs et aux veuves est beaucoup plus rigoureuse que les lois précédentes, en ce sens qu'elle s'applique non seulement aux biens que l'époux remarié a eus de son premier conjoint, mais même à ses autres biens ; elle est moins rigoureuse en ce sens qu'elle n'édicte qu'une incapacité partielle de disposer : elle défend de donner au deuxième conjoint plus d'une part d'enfant le moins prenant. Il y a lieu de remarquer que seuls les enfants du premier lit peuvent profiter de l'action en réduction des libéralités excédant cette quotité disponible.

Enfin la loi édicte des mesures conservatoires pour protéger les enfants du premier lit. Elle leur donne le droit de revendiquer les immeubles et les esclaves même entre les mains de tiers détenteurs; quant aux choses mobilières, elles doivent être estimées par des arbitres et l'époux remarié doit donner caution de les restituer. S'il ne peut fournir caution, les enfants gardent ces biens et servent les intérêts au taux de 4 0/0 de la somme à laquelle ils sont évalués.

Avant d'examiner la législation de Justinien, citons une dernière constitution, celle de Valentinien et Théodore de 390, L. 2, C. V, 36, relative à la tutelle. On sait qu'en droit romain, la tutelle était un *officium virile*. Au Bas Empire, sous l'influence du Christianisme, on décida par cette constitution que les femmes pourraient être appelées à la tutelle de leurs propres enfants. La tutelle à laquelle une mère pouvait être appelée, n'était pas la tutelle légitime, c'était la tutelle dative. Mais les empereurs précités mirent une condition à la dation de cette tutelle, ils exigèrent que la mère prît par serment l'engagement : *ad alias nuptias se non venire*. Justinien dans une constitution de 530 L. 3, C. V, 35 est allé plus loin, il préfère la veuve à celui qui eût du être tuteur légitime, mais si la veuve viole le serment qu'elle a fait de ne pas se remarier, l'enfant aura une hypothèque sur ses biens et sur ceux de son beau-père. En 539 Justinien a remplacé ce serment par une simple promesse dont l'inobservation entraîne la déchéance de la tutelle.

Signalons pour en finir avec le droit romain les derniers textes législatifs de Justinien.

Dans la Novelle II, chapitre IV, Justinien décide qu'en cas de remariage, même en fournissant caution, la veuve ne pourrait exiger de ses enfants la remise du capital de la donation *ante nuptias* fournie par leur père. Cette novelle a voulu, en évitant d'aliéner des biens, protéger le patrimoine paternel ; les enfants ne sont tenus qu'à servir les intérêts de ce capital.

Dans la loi 9, C. IX, 5, Justinien décide que la réduction de la libéralité faite au second conjoint profiterait aux enfants sans distinction de lits. La novelle XXII, chapitre XXVII, nous montre que Justinien revint au précédent état du droit en disant pour tout motif *hoc etiam nunc nobis non placet.*

La novelle XXII, chapitre XXIII, résume bien les déchéances, quant aux libéralités, de l'époux qui se remarie. Elle décide que l'époux qui a des enfants, quand il convole en secondes noces, perd la propriété de toutes les libéralités qu'il a pu avoir de son premier conjoint à quelque titre que ce soit ; il n'en conserve que l'usufruit, même si ces biens étaient venus aux époux à la suite de libéralités faites par des parents ou des étrangers.

CHAPITRE II

TRADITION GERMANIQUE

Quant à la tradition germanique, nous serons très bref. Ici en effet les documents font le plus souvent défaut, la législation manque d'unité, aussi les commentateurs en sont réduits le plus généralement à édifier des systèmes certes très ingénieux, mais qu'il est impossible de défendre ou de combattre par des textes et des arguments décisifs.

Une législation aussi rudimentaire, ne pouvait entrer dans des questions de détail comme l'est notre sujet. Du reste, il y a lieu d'observer que la tradition germanique n'a excercé, au moins sur notre question, qu'une influence à peu près nulle.

Nous tenons seulement à donner ici des explications sur deux institutions intéressantes, le *reipus* et l'*achasius*, dont l'existence est établie par des textes d'une authenticité indiscutable qui appartiennent aux lois des Francs saliens.

Ces deux institutions sont mentionnées dans la loi Salique, titre 44, et dans de vieux capitulaires saliens, en particulier : édition Behrend, 1er capitulaire n° 7, qui remonte peut-être à la première moitié du VIe siècle.

Le *reipus* est un cadeau de trois sous et un denier que le second mari donne aux parents du premier. Il importe de remarquer que cette somme de trois sous et un denier n'est pas aussi minime qu'on pourrait être tenté de le croire, car à cette époque un bœuf valait deux sous d'or. Le capitulaire I n° 7 précité, nous apprend que le *reipus* est touché en premier lieu par les père et mère du premier mari, à leur défaut par ses frères, ses neveux, le seigneur ou le fisc.

L'*achasius* est dû aux mêmes personnes, mais c'est la veuve qui se remarie qui a à le verser. Il est calculé sur le montant de la dot, la *dos ex marito*, puisque nous sommes en droit germain. Il est de dix pour cent, nous dit le texte, si la dot est de soixante-trois sous, l'*achasius* est de six : *Loc est ut per decenos solidos singuli in achasium dentur.*

Si, maintenant, nous recherchons quelle peut être la cause de ces deux institutions, nous verrons qu'elle ne repose pas du tout sur une idée de défaveur contre les secondes noces.

Certains ont voulu expliquer le *reipus* par le *mundium*. Les femmes, grâce au *pretium nuptiale*, seraient en puissance de leur mari, sous leur *mundum* (Gide), aussi la veuve qui veut se remarier devrait racheter ce droit de servitude.

Cette théorie a été vivement critiquée par M. Lefebvre dans son Introduction générale sur l'*Histoire du droit matrimonial français.*

Quoi qu'il en soit, le capitulaire I n° 7 nous montre le principal motif de ces deux institutions, il nous dit que le *reipus* et l'*achasius* doivent être remis solennellement *in mallo* aux parents du premier mari et il ajoute que la veuve doit déclarer : *Omnes mihi testes sitis, quia achasium dedi ut pacem habeam parentium.* La législation germanique qui est avant tout primitive, et forcément naïve, a imaginé ces deux institutions pour que les parents du premier mari fassent, grâce à ces cadeaux, la paix avec leur bru qui en se remariant venait de les indisposer.

CHAPITRE III

TRADITION CHRÉTIENNE — DROIT CANONIQUE

S'il est vrai que la législation germanique ne nous offre que peu d'intérêt, il n'en est pas de même de la tradition chrétienne et du droit canonique. Nous avons vu combien a été abondante la législation des empereurs romains du Bas Empire, or ils se sont inspirés avant tout des idées chrétiennes. Ce sont elles également qui jusqu'en 1789 vont en France régir la matière du mariage et par incidence notre sujet. Ces idées, examinons-les.

Dans la première *Epitre* aux Corinthiens, chapitre VII, saint Paul a écrit cette phrase qui traduit si bien les sentiments du christianisme à l'égard du mariage : *Quod si non se continent, nubant ; melius est nubere quam uri.* Ce célèbre saint pose donc en principe que si le mariage est bon, le célibat est meilleur. Mais le célibat qu'il a en vue, n'est naturellement pas un célibat de dépravation et de débauche comme celui qui était très en faveur à Rome de son temps, mais un célibat de chasteté et de prières et plus particulièrement le sacerdoce.

Dans la question des secondes noces, l'Eglise est donc entraînée, d'une part, à les considérer comme valables, car elle favorise le mariage, seul remède pour ceux *qui non se continent* et, d'autre part, comme l'Eglise préfère l'état de continence à l'état de mariage, elle ne peut avoir que peu de sympathie pour ceux qui convolent plusieurs fois.

Une autre raison doit aussi indisposer l'Eglise à l'égard de ces unions multiples : l'un des dogmes les plus fondamentaux de la tradition chrétienne est l'immortalité de l'âme. Or, l'époux remarié se trouve donc en droit canonique avoir bien et réellement deux conjoints existant à la fois, c'est pourquoi les Pères de l'Eglise ne manquent pas de l'appeler un bigame.

Etant données ces raisons, les unes favorables, les autres défavorables au remariage, l'Eglise fit la théorie des secondes noces. Elle décida pour des considérations, pratiques au premier chef, et afin d'empêcher avant tout le concubinage, de reconnaître la validité des secondes noces, des troisièmes et même celles d'un rang plus élevé. C'est ce que nous dit saint Jérôme dont l'autorité est rapportée par Gofredus dans sa *Somme*, page 194 : « Je ne condamne ni les bigames, ni les trigames, ni si l'on peut dire les octogames et Dieu n'a pas condamné l'homme qui s'est remarié sept fois ». En s'exprimant ainsi saint Jérôme laisse clairement voir que l'Eglise permet de se remarier *ad libitum*, même à ceux qui, par extraordinaire, auraient convolé plus de huit fois. L'Eglise fit plus encore et se montra sur un point de beaucoup plus hardie que la plupart des législations laïques, par exemple le droit romain ou le droit civil français, nous voulons parler du délai de viduité imposé aux veuves.

La crainte de la confusion de parts n'arrête pas le droit canonique; les difficultés qui pourront s'élever sur ce point, seront tranchées par l'examen de la question de faits. Au contraire, il estime que la veuve qui, malgré son état, peut être sujette aux passions, a droit de les satisfaire honnêtement, en se remariant. Pour lui, la crainte de la confusion de parts doit passer après celle de voir perdre la vertu et l'âme de la veuve.

Cette importante question a cependant été vivement discutée en droit canonique. Le délai de viduité a été à un moment considéré comme un empêchement prohibitif du remariage. Les *libri pœnitentiales* le mentionnent comme tel. V. en particulier *Pœnitentiale Theodoric* (édit. Wasserscheben III, 12, § 9), où il est écrit : *Muliere mortua, licet viro post mensem alteram suscipere ; mortuo viro, licet mulieri post annum alterum tollere virum.*

Le concile de Paris de 829 abaisse le délai de viduité à trente jours à compter de la mort du mari; le *Capitularium d'Ansegise*, L. IV, c. XVII, sanctionne cet empêchement prohibitif par une amende de cent quatre-vingts sous.

L'étude des lois romaines amena une réaction qui tenta

de rétablir l'ancien délai de viduité, c'est alors que les papes Alexandre III, Urbain III et Innocent III dans des décrétales rapportées au *Corpus juris canonici*, 2 IV, 21 *de secundis nuputiis*, fixèrent définitivement la doctrine de l'Eglise sur ce point en décidant que la veuve pourrait épouser qui bon lui semble aussitôt après la mort de son mari sans crainte d'encourir l'infamie ni même des sanctions ou pénitences canoniques.

Mais l'Eglise qui ne voulait pas empêcher, en leur causant des difficultés, les gens de se remarier et qui cependant n'aimait pas les secondes noces, établit deux déchéances importantes. Nous devons nous y arrêter avec d'autant plus de soins qu'elles intéressent encore aujourd'hui les catholiques, de sorte qu'en ce moment nous faisons non seulement de l'histoire du droit, mais nous étudions une législation encore en application pour beaucoup.

La première de ces deux déchéances n'est applicable qu'aux hommes. Elle défend au veuf remarié, appelé pour cette raison bigame, d'entrer dans les ordres sacrés. Les veuves ne sont pas atteintes par cette déchéance, car les femmes n'ont jamais accès dans les ordres. On doit observer que cette déchéance appelée *irregularitas* s'applique non seulement au veuf qui s'est remarié plusieurs fois, mais encore à celui qui ne s'est marié qu'une fois, mais avec une veuve, c'est l'*irregularitas interpretiva*. Enfin le clerc qui n'a reçu que les ordres mineurs : *in minoribus constitutus*, et qui se remarie, perd outre le droit de recevoir les ordres majeurs, les deux privilèges de clergie : *privilegium canonis et privilegium fori*. V. *Hostiensis Summa*, p. 398.

La deuxième de ces déchéances est commune aux veufs et aux veuves. Il les prive quand ils se remarient de la bénédiction nuptiale. On sait en effet que la bénédiction nuptiale n'est pas en droit canonique une condition *sine qua non* du mariage qui est un sacrement formé par le seul consentement des époux, et en présence, depuis le Concile de Trente, d'un prêtre compétent.

Cette déchéance est très ancienne : *Hincmar de nuptiis stephanii (Opera*, III, p. 667) nous parle déjà de mariages qui n'ont pas été précédés de bénédiction nuptiale. Le concile de Néocésarée mentionnait déjà cette déchéance.

Les canonistes en ont discuté les motifs, les uns, *V. Hostiensis, Summa*, p. 399, ont pensé que la bénédiction nuptiale ne pouvait être donnée qu'à ceux qui contractent en état de virginité. Mais ce motif ne pouvait être sérieusement défendu, car il conduisait à refuser la bénédiction nuptiale à ceux qui certainement n'étaient plus vierges en se mariant, par exemple ceux qui avaient des enfants naturels à légitimer. Or, l'Eglise n'allait pas aussi loin.

On pensa, et c'est ce motif qui l'a emporté, que la bénédiction nuptiale ne pouvait être renouvelée à l'égard de ceux qui l'avaient déjà reçue. Bernard de Parme en donne une fausse explication en déclarant qu'un sacrement ne peut être répété. Gofredus (*Summa*, p. 195) n'eut pas de difficultés à montrer combien cette opinion était contraire à la tradition de l'Eglise : d'une part, Bernard de Parme confondait la bénédiction nuptiale avec le sacrement de mariage et, d'autre part, l'Eglise connaît plusieurs sacrements qui peuvent être répétés un grand nombre de fois, comme l'Eucharistie par exemple, et qu'elle admet enfin sans difficulté la répétition du sacrement de mariage.

Les canonistes admirent dans le dernier état du droit, que si la bénédiction nuptiale ne devait pas être répétée en cas de secondes noces, c'était non seulement à cause d'une idée de déchéance, mais encore parce que la bénédiction nuptiale une fois reçue, avait tant de vertu à l'égard de ceux qui se mariaient que ses effets s'étendaient même à leurs unions ultérieures.

On objectait que celui qui convolait en premières noces, avec quelqu'un qui se remariait, était privé des avantages de cette bénédiction. Mais les canonistes répondaient qu'il n'en était rien, grâce à la théorie de *l'unitas carnis* produite par la consommation du mariage. Cf. Parnomitin sur c. III, X, de sec. nupt. nº 1.

Quoi qu'il en soit, cette théorie mit du temps à se fixer : Bernard de Pavie nous apprend que de son temps, dans certaines paroisses, les prêtres bénissaient les deuxièmes unions des veufs ; Hostiensis dit que dans d'autres on bénissait même toutes les unions sans exception.

Avant d'en finir avec le droit canonique, signalons les règles de l'Eglise d'Orient, qui sont beaucoup plus sévères que celles de l'Eglise romaine. Ces règles, nous les trouvons fort bien exposées dans la célèbre Novelle rendue en 920 par l'empereur byzantin Constantin X Porphyrogénète. Cet empereur défend à tous ses sujets de contracter des quatrièmes unions sous peine d'être excommuniés et de se voir interdire l'entrée de l'Eglise. Il attaque aussi les troisièmes unions pour ceux qui ont plus de quarante ans ; il prive les contrevenants de l'Eucharistie pendant ciq ans, et après ce temps il ne leur permet que de faire leurs Pâques, V. aussi *Zhisman Das Ehereisht der orientalischen Kirche.* Wien, 1864, p. 408 et suiv. spécialement p. 449.

CHAPITRE IV

L'ANCIEN DROIT

§ I. — *De la condition de viduité.*

§ II. — *Des conditions légales de viduité.*

§ I.

Dans notre ancien droit la condition de viduité insérée dans les testaments et les donations a donné lieu à de très nombreux procès au sujet de sa validité.

Remarquons tout d'abord que la théorie de notre ancien droit au sujet des conditions impossibles, illicites ou immorales est la même que celle qu'avait fini par admettre le droit romain : c'est-à-dire que quand une de ces conditions est insérée dans une donation, c'est cette donation qui est nulle, et quand elle se trouve dans un testament, c'est la condition qui est déclarée non écrite.

Comme arguments donnés par les anciens auteurs en faveur de la nullité de la condition de viduité, on doit citer :

1° La tradition des anciens jurisconsultes romains qui réputent non écrite une telle condition, comme contraire au principe d'ordre public qui veut qu'on favorise les mariages et qu'on encourage la repopulation.

2° Une constitution de 242 rendue par l'empereur Gordien qui déclare qu'un legs fait par un mari à sa femme sous la condition *si uxor nuptui se post mortem mariti non collocaverit*, ne peut en aucun cas être réclamé par les héritiers du mari.

3° Le cas de l'impératrice byzantine Eudoxie, veuve de Constantin XIII Ducas, qui sur les ordres de son mari avait juré de ne pas se remarier. Le Patriarche la délia de son serment et rescinda la promesse qu'elle avait souscrite, considérant : « que cet engagement était contraire en toute manière aux lois et à la liberté du mariage et qu'enfin l'empereur en le faisant prendre à sa femme, n'avait pas agi par affection pour le bien de l'empire, mais par une jalousie particulière ».

4° La condition de viduité enlève au conjoint survivant la liberté de se remarier.

5° Les héritiers qui demandent la caducité des libéralités faites sous pareille condition, n'agissent pas pour défendre la mémoire de l'époux décédé, mais par rapacité.

A ces raisons, l'unanimité de nos anciens auteurs, spécialement, Ricard, *Des dispositions conditionnelles* t. II, traité II, chap. V, nos 244 et suiv. ; Furgole, *Traité des testaments*, t. II, chap. VII, nos 61 et suiv. ; Peregrin, art. XI, *de voluntate testatoris*, nos 122 et 123, répondent :

1° Il n'y a plus à tenir compte des opinions des anciens jurisconsultes romains et de la constitution de Gordien, car la Novelle XXII, chap. XLIV de Justinien leur a enlevé toute autorité en reconnaissant la validité de la condition de viduité. Comme nos anciens auteurs reconnaissent le droit romain comme étant la raison écrite, la fameuse Novelle se trouve donc pour eux avoir toujours force de loi (Pothier, Introduction à la coutume d'Orléans, titre XVI, n° 64).

2° Ils expliquent la décision du Patriarche à l'égard de l'impératrice Eudoxie en disant qu'il aurait été trop complaisant et aurait manqué à son devoir, trompé par la promesse que lui aurait faite Eudoxie d'épouser son neveu.

3° On peut considérer la libéralité faite sous condition de viduité comme étant la récompense de la continence, ce qui est tout à fait conforme à la doctrine de l'Eglise.

4° Surtout, il y a lieu d'observer que la condition de viduité ne porte pas atteinte à la liberté qu'a l'époux survivant de se remarier : sa liberté reste entière, mais il doit renoncer à la libéralité s'il contrevient à la condition.

5° Il n'y a pas à rechercher les intentions des héritiers qui revendiquent la libéralité devenue caduque en cas de remariage, mais au contraire les sentiments d'affection de l'époux donateur, qui peut légitimement préférer ses parents ou d'autres personnes à son conjoint s'il se remarie.

Les recueils de jurisprudence rapportent de nombreux arrêts ayant admis la validité de la condition de viduité, ils n'en rapportent pas l'ayant rejetée ; toutefois, certains tribunaux de degré inférieur ont rendu en sens contraire des jugements qui ont été frappés d'appel et réformés.

Parmi les arrêts les plus importants, citons :

Un arrêt du Parlement de Paris rapporté par Anne Robert (traduction Tournet, p. 276) prononcé en robes rouges sous la Présidence de M. Forget, le mardi 24 mars 1562, où il s'agissait d'un don mutuel et réciproque entre époux de tous biens présents et conquets sous condition de viduité. Le mari mourut le premier, laissant une veuve sans enfant, âgée seulement de vingt-six ans. La Cour refusa d'admettre la thèse de la veuve qui s'était remariée et qui soutenait la nullité de la condition.

Le Président Mainard (T. II, Livre 8, chap. XCIII) discute en l'approuvant les considérants d'un arrêt de la Cour de Toulouse dont il ne mentionne pas la date et qui reconnaît la validité d'une condition de viduité insérée, dans l'espèce, dans un contrat de mariage d'un veuf avec une veuve qui contenait donation universelle et réciproque de tous leurs biens au profit du survivant. Après la mort de son mari, arrivée peu après, la veuve convola en troisièmes noces, malgré qu'elle était, nous dit Mainard, « d'assez bon âge. » La Cour la contraignit à abandonner la libéralité.

Un arrêt du mois de juillet 1632, rendu par la Cour de Toulouse, signalé par d'Olive, I, 3, chap. XVII, confirme cette jurisprudence à l'égard de la condition de viduité relative à une institution d'héritier.

Un arrêt de la même Cour, rapporté par Albert au mot Noces, art. 2, fut rendu dans le même sens à l'occasion d'un legs, le 25 juin 1654.

Enfin la Cour de Paris, dans un arrêt du 27 février 1674, mentionné par le *Journal du Palais*, jugea dans le même sens à propos d'une donation à cause de mort.

Au XVIIIe siècle, nous avons un texte très intéressant, c'est l'ordonnance des substitutions du mois d'août 1747, titre I, article 45, où il est écrit : « la condition de se marier est censée avoir manqué et celle de ne point se remarier, *dans le cas où elle peut être valable*, est censée accomplie, lorsque... » Il résulte de ce texte que la condition de viduité peut ne pas être toujours considérée comme valable ; ceci doit arriver lorsqu'elle a été dictée par des sentiments particulièrement immoraux.

Avant d'en terminer avec cette étude de l'ancien droit, nous devons rechercher si la condition de viduité, considérée comme valable, entraîne la déchéance de la libéralité lorsque l'époux survivant, sans se remarier : « s'est adonné à paillarder et à mener une vie débordée et a vécu impudiquement. »

Nous avons vainement cherché un arrêt révoquant pour ce motif une libéralité faite sous condition de viduité, mais en revanche deux arrêts nous laissent bien voir quelle aurait été la décision des Parlements si le cas s'était présenté.

Le premier, du 15 avril 1571, cité par Anne Robert, p. 167, a été rendu par la troisième chambre des enquêtes du Parlement de Paris à l'occasion d'une veuve qui avait été impudique dans l'année de son deuil et à laquelle pour cette raison les héritiers de son mari réclamaient son douaire. La veuve fut condamnée à le restituer par la Cour de Paris qui s'appuya sur cette idée émise par Justinien dans sa Novelle 39, chapitre II : « que la luxure ne doit pas avoir plus de récompense que la chasteté, mais doit être sujette à beaucoup plus de peines et de supplices ».

Furgole dans son *Traité des testaments*, t. II, chap. VI Sect. V, nº 75, p. 433 et suiv., nous cite une espèce qui nous intéresse davantage, car elle se rapporte à la condition de viduité. Voici les faits.

Louis Jourdain, apothicaire d'Annonay, par son testament du 8 janvier 1731, dispose de ses biens, en ces termes : « J'institue et nomme pour mon héritière universelle, demoiselle Isabeau B..., ma chère et bien aimée épouse, pour laquelle je veux mes dettes et légats être payés et satisfaits, à la charge par elle de vivre en viduité, voulant qu'au cas qu'elle vienne à convoler en secondes noces, mes biens viennent et appartiennent incontinent à sieur Louis Jourdain mon filleul et neveu, fils à sieur Joseph Jourdain mon frère, lequel je substitue au dit cas seulement et non autrement... »

Louis Jourdain neveu et substitué meurt le 19 décembre 1733, la substitution devient donc caduque ; le testateur en a connaissance puisqu'il décède seulement le 10 novembre 1834, mais il ne change pas ses dispositions testamentaires. Il ne laisse pas d'enfants.

Après avoir paisiblement joui de l'hérédité pendant dix ans, la veuve, le 30 octobre 1740, quoique non remariée, accouche d'une fille. Le 12 novembre suivant, Me Chomel et consorts héritiers ab intestat du mari assignent la veuve devant le juge d'Annonay pour la faire déclarer déchue de l'hérédité de Louis Jourdain comme ayant contrevenu à la condition de viduité imposée dans le testament. Par sentence du 18 avril 1741, la veuve se voit condamnée ; elle en appelle au sénéchal de Nîmes qui, par sentence du 20 mars 1742, confirme celle du premier juge.

La veuve porte alors la cause devant la Cour de Toulouse qui, par arrêt du 23 avril 1743, déboute les héritiers du mari et maintient la veuve dans la libéralité.

Mais les magistrats de Toulouse ne s'arrêtent point à la circonstance relevée par la veuve que la condition de viduité ne peut être enfreinte que par le convol en secondes noces qui est le cas marqué littéralement et limitativement par le testateur, ils croient que la malversation après l'an de deuil doit aussi opérer le même effet que le second mariage en vertu de la Novelle 39, chap. II précitée ; mais ils décident que dans l'espèce la condition ayant un objet particulier et limité pour obliger la veuve à l'égard d'nn substitué, cette condition se trouve sans objet par suite de la caducité de la substitution, qu'il est donc indifférent que la veuve y ait contrevenu.

On peut donc considérer comme démontré que dans l'ancien droit qui est peu favorable au second mariage pour forcer les veufs et les veuves à vivre dans un état de chasteté et de recueillement et qui est encore plus hostile au concubinage et à la luxure, les tribunaux auraient révoqué les libéralités faites sous condition de viduité lorsque leurs bénéficiaires sans se remarier s'étaient adonnés au vice et à la débauche, si le cas s'était présenté devant eux.

§ II

Nous étudierons les déchéances causées par le remariage d'abord dans les pays de droit écrit, ensuite dans les pays de droit coutumier, enfin nous examinerons l'important Edit des secondes noces.

I. *Pays de droit écrit.* — Les maris avaient coutume de faire à leur femme une libéralité qui avait son origine dans la donation *propter nuptias*, c'est l'augment de dot. Comme elle, il était touché par la femme seulement en cas de survie, le mari en avait la jouissance pendant le mariage ; il était garanti par une hypothèque légale. Il en différait par sa quotité, au lieu d'être de même importance que la dot, il ne lui était que proportionnel : il était égal à la moitié de la dot à Toulouse ainsi qu'à Montauban et à Foix ; dans le Lyonnais et le Beaujolais on distinguait si la dot était en argent l'augment était de moitié, si elle était en immeuble, l'augment n'était plus que d'un tiers. A Bordeaux, au contraire, il était égal au double de la dot en cas de premier mariage, mais seulement au tiers de la dot si c'était une veuve qui se remariait. Certaines coutumes n'admettaient l'augment de dot que quand il y avait contrat de mariage.

La femme perdait son augment dans un certain nombre de cas, entre autres quand elle avait une conduite immorale dans l'année du deuil et si elle se remariait dans des conditions peu honorables.

II. *Pays du droit coutumier.* — Les femmes qui se remariaient dans l'année de leur deuil perdaient leur douaire, voilà ce que décidaient la plupart des coutumiers et nous avons vu plus haut, ainsi que le rapporte Anne Robert, qu'il en était de même dans le cas où elles vivaient impudiques pendant le même délai.

On sait que le douaire était un avantage donné par le mari à sa femme pour lui procurer des aliments en cas de survie. Il portait suivant les coutumes entre le tiers et la moitié des biens immobiliers que l'époux possédait le jour de son mariage.

La femme perdait également son douaire par un adultère.

On doit ajouter aussi que d'après les coutumes de Normandie et de Bretagne, la veuve qui épousait son domestique perdait son douaire.

L'article 382 de la coutume de Normandie contient une autre disposition particulière à cette province : il décide que le mari ayant eu de sa femme un enfant né vif, et peu importe qu'il soit mort par la suite, jouit de l'usufruit des immeubles de sa femme défunte, Il ajoute que si le veuf vient à se remarier, il lui faut abandonner à l'instant même les deux tiers de son droit de viduité.

Dans un certain nombre de coutumes, en plus du douaire, la veuve avait le droit d'habiter dans une des maisons faisant partie de la succession de son mari.

La coutume de Lille permettait à la veuve de prendre une partie des meubles appartenant à son mari si elle avait eu de son union un enfant vivant encore ; mais à la condition de se charger des dettes de la succession. Si la veuve se remariait, elle devait abandonner aux enfants du premier lit, la moitié des meubles qu'elle avait reçus, à ce titre, de la succession de son premier mari ; mais elle n'était plus tenue d'autre part de la moitié des dettes.

Enfin l'article 279 de la coutume de Paris défendit à la veuve remariée de disposer des conquets de ses précédents mariages envers qui que ce soit.

III, *Edit des secondes noces*. — Nous arrivons maintenant à l'important Edit des secondes noces qui rendit applicable au droit coutumier, la fameuse loi *Hac Edictali*, dont nous avons parlé et qui était considérée comme toujours en vigueur dans les pays de droit écrit.

Cet édit fut rendu en 1560 par François II sous l'inspiration du chancelier de l'Hospital à la suite d'un gros scandale : une femme de haute noblesse, à cette époque, quoique vieille et veuve avec huit enfants se remaria avec un jeune homme, Georges de Clermont, qui se fit faire une donation considérable au grand préjudice des enfants du premier lit.

Les motifs qui précèdent l'Edit nous montrent encore l'émotion que causa cette déplorable affaire, ils sont du reste, quoiqu'en grande partie vrais, fort peu galants pour les dames : « Comme les femmes veuves ayant enfants sont souvent arrêtées et sollicitées à nouvelles noces et ne connaissant pas être recherchées plus pour leurs biens que pour leurs personnes, elles abandonnent leurs biens à leurs nouveaux maris, sous prétexte et faveur du mariage, leur font des donations immenses, mettant en oubli les devoirs de la nature envers leurs enfants, de l'amour desquels tant s'en faut qu'elles s'en dussent éloigner par la mort des pères que les voyant destitués des secours et aide de leur père, elles devraient par tous les moyens s'exercer à leur faire l'office de père et mère, desquelles donations entre les querelles et divisions entre mari et enfants, s'ensuit la désolation de bonne famille et conséquemment diminution de la fortune publique à quoi les empereurs ont voulu pourvoir par plusieurs bonnes lois et constitutions sur ce par eux faites. »

L'édit contenait deux sortes de dispositions appelées généralement ses deux chefs.

Dans le premier chef, l'Edit ordonne aux veuves ayant des enfants de ne pas donner à leurs nouveaux maris ou aux père et mère ou enfants de ceux-ci plus d'une part d'enfant le moins prenant. L'édit frappait également de la même déchéance les aïeules.

La part d'enfant le moins prenant était celle d'un enfant non avantagé qui concourait avec son beau-père dans la succession de sa mère.

On se demanda si l'édit s'appliquait aussi aux veufs pères ou aïeuls. On remarqua que l'Edit avait approuvé la loi *Hac edictali*, qui était également applicable aux hommes et aux femmes qui se remariaient, aussi étendit-on aux veufs les dispositions de l'Edit des secondes noces. La jurisprudence se fixa rapidement en ce sens, le premier arrêt intervenu à ce sujet a été solennellement prononcé en robes rouges par la Cour de Paris le 18 juillet 1587.

Une autre difficulté se présenta, on se demanda si les enfants communs pouvaient concourir avec ceux du premier lit pour réduire la part du deuxième conjoint survivant. La question fut célèbre et vivement discutée, les Parlements des pays de droit écrit écartèrent les enfants communs à bénéficier de la réduction de la libéralité, ceux des pays de droit coutumier les admirent au même titre que les enfants du premier lit.

Le second chef de l'Edit des secondes noces est directement inspiré de la loi *quæ feminæ* dont nous avons parlé dans le chapitre I section II. Il interdit aux veuves, et par extension aux veufs, qui se remarient de disposer en faveur de leur deuxième conjoint des biens acquis de leur premier en vertu de n'importe quelle sorte de libéralités. Ces biens doivent faire retour aux enfants du premier lit. L'édit charge ainsi l'époux remarié d'une espèce de substitution fidéicommissaire envers ses enfants, c'est pour cette raison, que le second chef de l'Edit des secondes noces n'a pu passer dans les dispositions de notre Code civil.

Avant d'en finir avec notre ancien droit, citons un dernier texte, l'article 18 de l'ordonnance de Blois rendue en 1579 par Henri III. Il défend aux veuves qui contractent mariage avec des personnes indignes, par exemple la veuve d'un gentilhomme qui se marie avec quelqu'un qui exerce une profession dérogeant à la noblesse, comme un artisan ou un valet, de disposer de tous leurs biens, quelle qu'en soit leur origine en faveur de leur second conjoint.

CHAPITRE V

DROIT INTERMÉDIAIRE

La Révolution française s'est beaucoup occupée de notre sujet.

Nous devons citer tout d'abord la loi votée par l'Assemblée constituante le 5 septembre 1791 ainsi conçue :

« Toute clause impérative ou prohibitive qui serait contraire aux lois et aux bonnes mœurs, qui porterait atteinte à la liberté religieuse du légataire, qui gênerait la liberté qu'il a soit de se marier même avec telle personne, soit d'embrasser tel état... est réputée non écrite. »

Cette loi est doublement importante, car d'une part elle renverse, et ceci est conservé dans notre Code civil, les anciens principes de droit relatifs aux conditions impossibles, illicites ou immorales contenues dans les donations, en décidant que ces conditions seraient toujours réputées non écrites et les libéralités comme pures et simples.

D'autre part, le législateur de 1791 n'a plus seulement en vue de défendre la morale et l'ordre public comme ses devanciers, il tient surtout à défendre les jeunes générations d'alors et les générations futures contre les volontés des vieilles générations qui détiennent la fortune et qui, animées par des sentiments réactionnaires, seraient tentées de ravir les libertés qui ont donné tant de mal à établir, par des conditions insérées dans des donations et des testaments. Ce que le législateur de 1791 veut, c'est non pas seulement favoriser les mariages qui enrichissent la Patrie d'enfants, nous sommes à une époque où on ne souffre pas de la dépopulation, mais défendre avec acharnement la célèbre déclaration des droits de l'homme et du citoyen de 1789 où il est écrit : « Les hommes naissent et demeurent libres et égaux en droits ».

Etant données ces observations, quand le cas s'est présenté devant les tribunaux, de savoir si la condition de viduité était également condamnée par ces termes : « condition qui gênerait la liberté qu'il a de se marier même avec telle personne... », l'affirmative n'aurait pas dû faire de doute. La Cour de cassation dans les arrêts du 29 nivôse an IX et du 20 octobre 1807 en décida autrement ; mais en jugeant ainsi la Cour a vraisemblablement cherché moins à intérpréter les intentions du législateur de 1791, qu'à faire œuvre de réaction contre les lois révolutionnaires.

Quoiqu'il en soit, la Convention nationale par deux lois

célèbres proposées par Cambacérès, celle du 5 brumaire an II, article 1, et celle du 17 nivôse an II, art. 13, qui concernaient les divers modes de transmission des biens dans la famille condamna d'une façon explicite la condition de viduité.

Voici l'article 1 de la loi du 5 brumaire an II : « Est réputée non écrite, toute clause impérative ou prohibitive, lorsqu'elle gêne la liberté qu'a le donataire, l'héritier ou le légataire de se marier ou remarier, même avec des personnes désignées ».

L'article 12 du décret du 17 nivôse an II, est ainsi conçu : « Est réputée non écrite toute clause impérative ou prohibitive insérée dans les actes passés même avant le décret du 5 septembre 1791 lorsqu'elle... gêne la liberté du donataire, de l'héritier ou du légataire qu'il a soit de se marier ou de se remarier même avec des personnes désignées... »

Ces deux lois avaient un caractère trop nettement révolutionnaire, car elles étaient rétroactives ; leurs effets devaient remonter jusqu'au 14 juillet 1789. La loi du 9 fructidor an III rapporta avec raison cet effet rétroactif.

La condition de viduité donna lieu pendant la période intermédiaire à de nombreuses difficultés ; l'affaire Luciot est restée célèbre, elle est rapportée avec force détails par Merlin, *Répertoire*, V. viduité, N° IV.

Voici les faits : le 21 novembre 1789, contrat de mariage des époux Luciot Blevet qui contient différentes libéralités en faveur de la femme, entre autres une rente de mille livres. Le 18 pluviôse an V, décès du mari sans enfant. Le 11 floréal an VI, remariage de sa veuve avec un sieur Messenge. Les héritiers du mari refusent de servir la rente stipulée dans le contrat de mariage, d'où procès.

Par jugement du 14 ventôse an VIII, le tribunal de 1re instance de la Seine condamne les héritiers à continuer la rente. Le jugement est frappé d'appel.

Le 1er fructidor suivant intervient l'arrêt confirmatif de la Cour de Paris, où nous relevons ce considérant intéressant : « Attendu que la clause du contrat de mariage dont il s'agit est proscrite par la loi du 5 septembre 1791 et les lois subséquentes comme contraire à la liberté et aux bonnes mœurs, qu'une pareille loi n'est que déclarative d'un droit naturel et qu'elle doit avoir son exécution à quelque époque que la clause ait été stipulée ».

Il résulte de cet arrêt, que, d'une part, la Cour de Paris reconnaît bien que la loi de 1791 a déjà condamné la condition de viduité et, d'autre part, qu'elle considère les lois de 1791 et de l'an II comme des lois d'affranchissement, déclaratives de droit naturel et applicables à l'égard de tous, même pour des actes qui leur sont antérieurs.

Sept des héritiers Luciot présentèrent requête en cassation contre cet arrêt.

Le 21 floréal an X, la section civile de la Cour rejette leur requête pour vice de forme.

Peu après ils en forment une nouvelle, admise par la

section des requêtes le 17 prairial an XI, mais le 25 thermidor an XII un arrêt de la section civile la déclare non recevable.

Sur ces entrefaites le sieur Vathaire intervint au procès, son affaire fut, après de nombreuses complications et incidents de procédure, solutionnée seulement le 20 janvier 1806 par un arrêt de la Cour de cassation, rendu, d'après les conclusions de Merlin, dans un sens tout différent que les précédents, En 1806, la Cour suprême, qui réagissait contre l'esprit de la Révolution, déclara licite la condition de viduité imposée à la veuve Luciot.

On discuta aussi, vivement, pendant la période intermédiaire si la loi du 9 fructidor an III avait suffi à abroger les lois de l'an II en ce qu'elles étaient rétroactives. Cette loi de fructidor an III n'était en effet guère explicite : « La Convention nationale, sur le rapport du comité de législation décrète : que les lois du 13 brumaire et du 17 nivôse an II, concernant les divers modes de transmission des biens dans la famille, n'auront d'effet qu'à compter de l'époque de leur promulgation... » La Cour de cassation jugea cependant par trois arrêts des 29 nivôse an VI, 27 germinal an XII et 8 prairial an XIII que la loi du 9 fructidor an III avait bien abrogé le caractère rétroactif des lois de l'an II à l'égard de la condition de viduité.

La législation de la période révolutionnaire se termine par la loi du 30 ventôse an XII, cette loi est doublement importante, car elle promulgue le Code civil et elle abroge d'autre part un grand nombre de textes législatifs et de coutumes, par son article 7, ainsi conçu : « A compter du jour où ces lois (les 36 lois composant le code civil) sont exécutoires, les lois romaines, les ordonnances, les coutumes générales ou locales, les statuts, les règlements cessent d'avoir force de loi générale ou particulière dans les matières qui sont l'objet des dites lois composant le présent Code »

On doit se demander si les lois de l'an II relatives à notre sujet sont abrogées par cet article 7. On peut en douter, car il est à remarquer qu'il ne vise que les lois romaines et les coutumes générales ou locales et qu'il ne parle pas des lois de la période intermédiaire. On peut soutenir que le législateur de l'an XII a pu respecter l'œuvre de la Révolution, qui lui était encore chère, dans tout ce qu'elle n'était pas en formelle contradiction avec les dispositions du nouveau Code.

Cette thèse a été rejetée par la jurisprudence et la presque unanimité des auteurs. On a pensé que le législateur de l'an XII, sans être foncièrement adversaire des lois révolutionnaires, a voulu cependant les abroger dans toutes les matières traitées par le Code civil, car il a poursuivi avant tout l'établissement de l'unité de la législation et sa codification. Les lois de l'an II, bien que n'étant pas en opposition avec les dispositions de l'article 900 du Code civil, sont cependant considérées comme abrogées par la loi du 30 ventôse an XII, car elles appartiennent à des matières qu'il a visées.

DEUXIÈME PARTIE

La condition de viduité

CHAPITRE I

LA JURISPRUDENCE

§ I : *De la validité de la condition de viduité.*
§ II : *Questions diverses*

§ I.

Dans les actes faits par les particuliers, on rencontre presque toujours la condition de viduité dans les donations et dans les testaments. Sauf une exception, c'est dans ces actes que nous la trouvons examinée par les tribunaux. Cette condition pourrait néanmoins être très bien insérée dans des contrats, par exemple dans un contrat de travail ou dans un bail à loyer. On connaît déjà la condition nouvelle, certes purement verbale, sous laquelle certains propriétaires de maisons ouvrières consentent à donner en location leurs logements : ni chien, ni chat, ni enfant. Peut-être un jour, ces mêmes propriétaires pousseront-ils l'impudence jusqu'à insérer dans les stipulations de leurs baux la condition pour le locataire de ne pas se marier ou de ne pas se remarier.

Quoiqu'il en soit, définissons, sous l'empire du Code civil, quel est l'intérêt pratique, qu'il y a à savoir si la condition de viduité est valable ou non.

Quand une donation ou un testament est soumis à une condition impossible, illicite ou immorale, cette condition est réputée non écrite, et la donation ou le testament comme fait sans condition, purement et simplement, voilà ce que décide l'article 900.

Le Code civil est, d'une part, plus large que les lois révolutionnaires, car il assimile les conditions impossibles aux conditions illicites ou immorales, mais il est peut-être moins large, d'autre part, qu'elles, car elles n'annulaient peut-être pas les autres actes juridiques soumis à de telles conditions.

La jurisprudence et la grande majorité des auteurs se sont montrés peu favorables à l'article 900. Il a apparu comme peu honnête de garder une libéralité sans être obligé de remplir les conditions sous lesquelles elle était faite. Aussi, quand les idées de la Révolution ont semblé aux uns peu dignes d'être protégées, car ils leur étaient hostiles, et aux autres comme n'ayant pas besoin de l'être, car elles leur paraissaient suffisamment enracinées dans les esprits, on a cherché à édifier des théories juridiques qui permissent de tourner les dispositions de l'article 900.

On commença par assimiler les donations faites avec charges aux dispositions onéreuses, et on leur appliqua l'article 1172 qui les annulait quand elles étaient soumises à des conditions impossibles, illicites ou immorales.

On alla plus loin et on décida que les libéralités faites, même sans charges, par donation ou testament, mais soumises à des conditions impossibles, illicites ou immorales, pouvaient être annulées par application de l'article 1131 pour défaut de cause, quand les conditions en question ont été la cause impulsive et déterminante de ces libéralités.

Nous n'avons pas à commenter ces théories, car en le faisant, nous sortirions du plan beaucoup plus spécial que nous nous sommes tracé. Qu'il nous suffise de dire que la jurisprudence, depuis l'arrêt de Cassation du 3 juin 1863 D. 63, 1, 429, admet la théorie de la cause impulsive et déterminante.

En résumé, si la condition de viduité est illicite, nous devons décider qu'elle cause la nullité de l'acte fait à titre onéreux, qui y est soumis ; mais qu'au contraire elle n'attaque en rien la validité d'un testament ou d'une donation où elle est insérée, à moins toutefois qu'elle ait été la cause impulsive et déterminante de la libéralité.

Quand la condition de viduité est-elle la cause impulsive et déterminante d'une libéralité ? C'est quand elle est exprimée en termes si énergiques qu'ils laissent nettement voir que le donateur ou le testateur aurait préféré ne pas faire de libéralité plutôt que de voir transgresser ladite condition. Quand les termes sont-ils suffisamment énergiques ? C'est une pure question de faits, laissée à l'appréciation des magistrats.

La question de la validité de la condition de viduité a donné lieu devant les tribunaux à une multitude de procès, nous allons exposer tout d'abord la théorie admise par la jurisprudence sur ce point. Cette théorie, nous ne saurions mieux l'étudier que dans l'intéressante affaire Fauquet solutionnée par le Tribunal de Lisieux le 23 janvier 1894, la Cour d'appel de Caen le 24 juillet 1894 D. 95, 2, p. 269 et enfin par la Cour de cassation le 22 décembre 1895, D. 98, 1, 537.

Voici les faits.

. . . .

Un nommé Fauquet meurt laissant une veuve sans enfant, âgée seulement de vingt ans. Un an avant sa mort, il fit un testament, par lequel, nonobstant des avantages assez considérables qu'il lui avait faits par contrat de mariage, il l'instituait légataire universelle, et il ajoutait : « Si mon épouse venait à convoler en deuxièmes noces, elle perdrait une partie de mes biens (environ les deux tiers représentant une valeur de quatre-vingt cinq mille francs en toute propriété et cent mille francs en usufruit).

La veuve, sans attendre de se remarier, voulut faire annuler la condition de viduité, en raison de son jeune âge. Il importe de faire remarquer que dans l'espèce la condition de viduité n'était pas la cause impulsive et déterminante du legs, puisque même si la veuve se remariait le testateur lui permettait de conserver une grande partie de la libéralité.

Le Tribunal de Lisieux, qui connut le premier de cette affaire, décida d'abord que les lois de l'an II étant abrogées, l'article 900 du C. Civ. seul devait être appliqué. Nous ne reviendrons pas sur la question de savoir si les lois de l'an II ont été valablement abrogées, qu'il nous suffise de dire que l'unanimité des arrêts et la grande majorité des auteurs les considèrent comme telles.

Ce tribunal constata ensuite que l'article 900 était muet sur la condition de viduité et il crut en conséquence devoir apprécier sa moralité en recherchant quelle pouvait être la pensée de Fauquet quand il l'inséra dans son testament. Seulement, dans cette espèce et on peut ajouter, comme dans la presque unanimité des cas, le testateur avais omis d'exprimer le mobile qui l'avait poussé à écrire cette condition de viduité.

Les magistrats se mirent par la pensée à la place du testateur pour se rendre compte des motifs qui avaient bien pu l'inspirer : ils étaient décidés à considérer la dite condition de viduité comme valable si elle reposait sur des motifs honnêtes et licites et à la réputer non écrite si, au contraire, elle ne devait son existence qu'à une jalousie posthume ou à une pure manie de Fauquet.

Les magistrats dans cette affaire crurent que le mari n'avait pas voulu défendre à sa femme de se remarier, car avec ses libéralités faites en partie sans condition et sa fortune personnelle, la veuve avait les plus grandes chances de trouver si elle le désirait. Bien plus, ils pensèrent qu'il était très naturel et très moral pour Fauquet, après avoir donné à sa veuve une partie suffisante de ses biens, qui lui permissent de contracter une deuxième union, tout en ayant une situation pécuniaire semblable à celle qu'elle avait avec lui, de léguer le surplus de ses biens à ses parents, préférant les en faire profiter plutôt que le second mari de sa femme, qu'il ne connaissait pas.

En résumé, les magistrats de Lisieux estimèrent que si la veuve voulait faire déclarer non écrite la condition de viduité dont il s'agissait, c'était à elle à faire la preuve : « par l'examen du testament et les circonstances de la cause, que Fauquet avait été poussé par un égoïsme exagéré et avait nécessairement voulu empêcher sa femme de se remarier ».

Comme il était impossible à la veuve de rapporter une telle preuve, ils la déboutèrent de son action.

La Cour de Caen jugea différemment.

Elle constata bien que les lois révolutionnaires étaient abrogées et que seul l'article 900 s'appliquait ; elle fut également d'avis, comme le tribunal de Lisieux, que la condition de viduité n'avait rien de contraire aux lois et aux mœurs et pouvait paraître licite lorsqu'elle reposait sur des motifs sérieux, par exemple lorsqu'elle était imposée à un légataire pour le protéger contre sa faiblesse due soit à son grand âge, soit à la maladie, soit enfin à son sens moral. Mais la Cour pensa qu'outre les motifs du testateur, il y avait aussi à tenir compte des circonstances dans lesquelles se trouvait la légataire : elle estima qu'il était immoral, d'imposer sans motifs sérieux, à une jeune femme de vingt ans, sans enfant, sous peine de perdre la majeure partie de sa fortune, une condition qui l'obligeait, en fait, à garder un célibat perpétuel, pour lequel elle pouvait n'avoir aucune vocation, alors qu'elle avait déjà expérimenté le mariage.

La Cour de Caen annula une telle condition de viduité qui portait uue grande atteinte à la liberté individuelle de la veuve Fauquet pour, sinon l'exciter, tout au moins l'exposer à tomber dans l'inconduite et le concubinage.

L'affaire alla en Cassation où M. l'avocat général Desjardins donna de magistrales conclusions qu'il convient d'analyser en parties tout au moins.

M. l'avocat général, après avoir fait l'historique de la question et passé en revue les opinions des principaux auteurs, s'attache d'abord à réfuter la thèse de la veuve qui prétend que l'affaire n'est pas sujette à Cassation, car la Cour de Caen n'a eu à trancher qu'une question de faits et s'est bornée à déclarer : « qu'eu égard aux circonstances de la cause, la clause était immorale ». M. Desjardins concède que l'affaire superficiellement envisagée a bien l'apparence d'un arrêt d'espèce, mais, dit-il, on peut avec quelque habileté de plume obtenir aisément ce résultat ; mais pour lui, en réalité la Cour de Caen a posé en principe cette idée générale : qu'il est immoral de mettre un obstacle au second mariage de toute jeune femme qui, n'ayant pas d'enfant, a déjà fait l'expérience du mariage ; aussi M. l'avocat général pense que la Cour de cassation est bien compétente pour apprécier si cette idée est juste.

Il ajoute ensuite que s'il est vrai que l'on doive respecter la liberté de se remarier, il n'en est pas moins bon de protéger la liberté tout aussi sacrée de tester. Il est facile de répondre à cet argument qu'il contient une véritable pétition de principe ; le droit de tester ne peut servir de prétexte pour faire admettre toutes les conditions illicites ou immorales insérées dans les testaments, car alors cette liberté deviendrait de la licence. Il n'est pas douteux que si la condition de viduité peut, pour des raisons spéciales, être considérée comme immorale ou illicite, elle ne pourra être insérée valablement dans des testaments, sans pour cela porter atteinte à cette liberté de tester,

Mais M. l'avocat général nous donne une autre raison plus spécieuse : il déclare que si l'on n'admet pas la validité de la condition de viduité, et que l'on considère les libéralités qui y sont soumises comme faites sans condition, les testateurs ne donneront plus rien à leur conjoint, de sorte que sous prétexte de protéger la liberté de se remarier, on privera beaucoup de veufs et de veuves de recueillir des libéralités. Mais on doit répondre, d'une part, qu'un tel argument n'est pas particulier à la condition de viduité, mais s'étend à toutes les conditions impossibles, illicites ou immorales et que, d'autre part, avec la théorie, admise par la jurisprudence, de la condition considérée comme pouvant être la cause impulsive et déterminante de la libéralité, l'intention des testateurs et des donataires est observée.

Enfin M. l'avocat général étudie les motifs qui peuvent pousser un testateur à imposer à son légataire une condition de viduité. Il ne voit en eux rien qui puisse être considéré comme illicite ou immoral et cela d'autant mieux que de nombreux articles du Code civil et de plusieurs lois établissent des déchéances en cas de remariage.

La Cour de cassation cassa l'arrêt de la Cour de Caen et jugea dans le même sens que le tribunal de Lisieux, en décidant : « que la condition de viduité ne pouvait être réputée non écrite que dans le cas où elle aurait été inspirée au testateur par des motifs répréhensibles dont la preuve incombe à la partie qui en demande l'annulation et qui doivent être précisés par le juge du fond ». Elle ajouta enfin : « que dans l'espèce on se fondait uniquement sur l'âge de la femme et sur les dangers qui résulteraient pour elle de l'obligation de viduité, sans constater que le mari en la lui imposant avait été guidé par une intention irréprochable ».

Nous pouvons maintenant résumer la théorie de la jurisprudence sur la validité de la condition de viduité.

1° Admettant l'abrogation des lois de la période intermédiaire et vu l'absence de précision de l'article 900 du C. civ., à l'égard de cette question, elle estime qu'elle a toute liberté d'appréciation.

2° Pour reconnaître la validité d'une condition de viduité, elle recherche si les motifs qui l'ont inspirée sont licites ou non.

3° Elle décide, suivant la règle *actori incumbuit probatio*, que c'est à celui qui veut faire prononcer la validité de cette condition à établir le caractère illicite ou immoral de ces motifs.

4° Enfin la jurisprudence admet qu'une telle affaire est sujette à cassation.

Cette jurisprudence date du commencement du siècle dernier, le premier arrêt de Cassation est celui précité du 20 janvier 1806.

Nous citerons par ordre chronologique les principaux arrêts qui ont perpétué cette jurisprudence :

Bruxelles, 20 mai 1807, S. V, 7, II, 208. Cass., 20 juin 1811, cité par Merlin, Rep. Viduité, n° V. Agen, 21 mai 1813. D. J. G. Dispositions, n° 155, not. 2. Lyon, 18 nov. 1813, S. 15, II, 221. Toulouse, 25 avril 1826, S. 27, II, 13. Lyon, 22 décembre 1829, D. 30, II, 63. Rouen, 16 juillet 1834, D. 1835, II, 39. Poitiers, 14 juin 1839, D.

38, II, 140. Limoges, 31 juill. 1839, D. J. G. Dispositions, nº 158, not. 2. Pau, 21 décembre 1844, S, 49, II, 455. Douai, 11 janvier 1848, D. P. 48, II, 148. Req. 8 janvier 1849, D. P. 49, I, 16. Montpellier, 14 juillet 1858, D. 59, II, 107. Paris, 1er avril 1862, D. 62, II, 77. Cass., 18 mars 1867, D. 67, I, 332. Caen, 16 mars 1875, D. 76, II, 237. Rennes, 17 février 1879, S. 79, II, 115. Nancy, 20 décembre 1879, D. 80, II, 203. Bourges, 14 avril 1890, D. P. 90, 5, 120. Poitiers, 21 janvier 1901, D. 1902, 2, 52, et enfin le jugement très récent du 7 avril 1910, reudu par le Tribunal civil de la Seine et rapporté par la *Gazette des Tribunaux*, le 21 avril 1910, par *Le Droit*, le 24 avril suivant et par la *Gazette du Palais*, le 25 juin même année.

Quelques arrêts se sont affranchis des règles établies par notre jurisprudence, nous avons d'abord de nombreux arrêts et jugements qui ont été cassés par les juridictions supérieures, comme par exemple l'arrêt de la Cour de Caen du 14 juillet 1894 que nous avons analysé précédemment.

Nous devons signaler également deux décisions intéressantes par leur indépendance : Un arrêt de Cassation du 18 juillet 1822, S. 23, I, 246 et un autre arrêt de la Cour de Liège du 11 janvier 1883, D. 1883, I, 147.

L'arrêt de Cassation du 28 juillet 1822 est relatif à un legs, fait, pour partie sous condition de viduité, pendant la période intermédiaire. Le 6 thermidor an X le testateur mourut. La veuve se remaria beaucoup plus tard, d'où procès. La Cour de cassation, après avoir considéré d'une part qu'en l'an X les lois de l'an II étaient encore applicables, d'autre part que le retranchemeut de la libéralité n'était qu'une peine imposée au convol et portait évidemment une gêne à la liberté de se remarier, décida que cette condition devait être réputée non écrite.

La Cour de Lyon, par l'arrêt du 18 novembre 1813 susvisé trancha dans un sens tout opposé une espèce identique. Elle décida qu'une condition de viduité insérée dans un testament du 12 floréal an VIII était valable : « Attendu que la condition imposée n'avait rien d'immoral ni de contraire aux lois, puisque le testateur n'interdisait pas la faculté de contracter de nouveaux liens, mais qu'il voulait seulement que dans ce cas le conjoint gratifié perdît le fruit des avantages à lui faits.

Nous avons maintenant à nous occuper de l'arrêt de la Cour de Liège du 11 janvier 1883, qui se rapporte à des faits qui se sont passés à une époque plus récente. Nous ne craignons pas de parler de cet arrêt rendu par une Cour d'appel belge, puisque la Belgique est, sous l'empire de notre Code civil, spécialement soumise à son article 900 et qu'elle a la même organisation judiciaire que la nôtre.

Voici l'affaire : Par son testament en date du 12 octobre 1871, un certain Londot a institué comme légataire universelle sa veuve, mais avec stipulation que : « Si jamais elle venait à convoler en deuxièmes noces, elle rendrait le legs nul de plein droit ».

Le testateur mourut le 30 mai 1872, laissant une veuve

âgée de 32 ans, sans enfant, à la tête d'un commerce et impliquée dans beaucoup d'affaires difficiles.

La veuve se remaria, un procès au sujet de la validité de la condition de viduité en résulta. Le tribunal de Liège, par jugement confirmé par l'arrêt de la Cour d'appel en question, après avoir reconnu, les lois de l'an II étant abrogées, que c'était l'article 900 du C. civil seul qui devait servir de base à sa décision, pensa qu'en l'absence de précision de cet article, le législateur du Code civil n'avait pu que : laisser au juge le soin de déterminer quelles conditions sont ou non contraires aux mœurs; qu'il semblait ainsi avoir implicitement reconnu que les devoirs et les droits moraux varient suivant les circonstances, l'âge, la condition de famille, la situation sociale, l'éducation même des individus.

Eh ! les magistrats de Liège ont ajouté, plus spécialement au sujet de l'interdiction de se remarier qu'ils avaient à examiner, qu'une telle condition imposée à une veuve jeune encore, sans enfant, n'apparaît que comme une œuvre d'égoïsme posthume, une violation de la liberté naturelle qu'a la femme de se donner un appui dans la vie, de rechercher par une voie légitime les devoirs et les plaisirs de la maternité et ils ont décidé que dans l'espèce la dite condition devait être réputée non écrite.

Le tribunal et la Cour de Liège ont donc placé la question sur un autre terrain que les tribunaux français. Ceux-ci ne s'occupent que des intentions du testateur ou du donataire; les juridictions de Liège, au contraire, n'ont attaché qu'une importance médiocre à ses intentions, qu'il est le plus souvent malaisé de découvrir, mais en revanche, elles ont estimé qu'il importait avant tout d'examiner si, étant données les circonstances dans lesquelles il se trouvait, le bénéficiaire de la libéralité n'était pas gravement atteint par la dite condition dans l'une des plus importantes des libertés individuelles.

Dans les différents arrêts que nous venons d'examiner, nous avons vu que l'interdiction de se remarier était imposée à des veuves ; c'est, en effet, le cas le plus fréquent, mais les recueils d'arrêts nous donnent des exemples où des conditions de viduité ont été imposées à des veufs, les motifs de ces arrêts ne diffèrent en rien des autres. Ex. Cass. civil. 18 juin 1890, arrêt précité.

Les arrêts que nous avons étudiés s'appliquaient tous, d'autre part, à des veufs ou à des veuves, le jugement du 7 avril 1910, rendu par le Tribunal civil de la Seine, se rapportait à une donation d'une rente viagère de 20.000 fr. par an faite sous cette condition par un certain Cahen d'Anvers à une dame Labroussse, femme divorcée. Le tribunal décida que cette condition était licite non seulement parce qu'il ne découvrait rien, dans les motifs du donateur, qui puisse paraître contraire aux bonnes mœurs et à l'ordre public, mais encore parce qu'il ne voyait dans cette clause prohibitive de se remarier, qu'un terme extinctif de la rente viagère, la clause de la donation, en question, était conçue en effet en ces termes : « la rente qui fait l'objet de la présente donation sera éteinte de plein droit à compter du jour du mariage que pourrait contracter la donataire et par le seul fait de ce remariage. »

Ceci nous amène à signaler la théorie de la jurisprudence à l'égard des conditions de viduité insérées dans des libéralités portant sur des usufruits ou des rentes viagères. Elle les considère comme étant toujours valables, quels que soient les motifs du testateur ou du donateur ; car pour elle, ce ne sont pas des conditions, mais des termes incertains : le testateur ou le donateur n'a voulu gratifier le bénéficiaire de la libéralité « que pendant son veuvage » ; or, le remariage n'est qu'un des termes possibles qui mettent fin au veuvage.

Exception faite de celle visée dans le jugement du Trib, de la Seine sus-visé, nous n'avons vu jusqu'à présent que des conditions de viduité imposées par des époux à leur conjoint ; l'arrêt de Montpellier, du 14 juillet 1858, nous montre une condition de viduité imposée par un fils à sa mère. Ce furent les héritiers du fils qui demandèrent la révocation du legs universel fait à sa mère qui se remaria peu après. La Cour leur donna gain de cause, car cette condition de viduité n'était pas imposée à la veuve pour des motifs malveillants et irrévérencieux, comme le pensèrent les premiers juges, mais elle se justifiait au contraire par des sentiments naturels et honorables qui portaient ce fils à exiger que sa mère, pour se rendre digne de ses libéralités, conservât pieusement la mémoire de son père et ne transportât pas à une autre famille ses affections et sa fortune.

Nous terminerons l'étude de la jurisprudence sur la validité de notre condition, en signalant deux arrêts intéressants.

Celui de Poitiers, 14 juin 1838, précité, admet la validité d'une condition de viduité qui n'était que relative, non absolue : Une dame P. décéda en 1836, laissant l'usufruit de tous ses biens à son mari, sous la condition de ne point épouser la demoiselle D. avec qui il avait eu du reste des relations adultères.

Le sieur P. sans tenir compte des dernières volontés de sa femme, ne resta que fort peu de temps veuf, et réclama aux héritiers de sa première femme la délivrance du legs d'usufruit prétendant que la condition de viduité, et surtout celle de ne pas se remarier avec une personne dont il devait en honneur et en conscience réparer le tort fait à sa réputation, était réputée non écrite.

Cette thèse ne fut pas admise par la Cour de Poitiers qui pensa que l'épouse délaissée de son vivant, qui avait bien voulu pardonner, avait pu valablement s'opposer à ce que la femme qui avait partagé les torts de son mari ne vînt pas à bénéficier de sa propre fortune.

Enfin, l'arrêt rendu par la Cour de cassation le 20 juin 1811 et cité par Merlin, Rep. Viduité, N° V, est le seul arrêt qui ait été rendu non plus à propos d'un testament ou d'une donation, mais à propos d'un acte sous-seings privés contenant reconnaissance de dette.

Voici l'affaire.

Le 18 brumaire au XIII, dans un acte sous seings-privés le sieur M., notaire à Versailles, se reconnaît, : « d'après les arrangements particuliers faits et arrêtés le même jour avec Mme Vve C., débiteur d'une somme de 30.000 francs, qu'il s'oblige et oblige sa succession à lui en payer et rembourser ou à ses héritiers et ayants cause dans le délai d'une année après son décès et non avant et sans intérêt jusqu'à la dite époque. » La dame C. accepta ladite convention sans faire aucune réserve et le même jour, par acte sous-seing privé, elle s'engagea à l'égard du sieur M. en considération de la dite reconnaissance, « volontairement et de bonne foi », à ne pas se remarier sans son consentement tant qu'il vivrait.

Vraisemblablement ladite reconnaissance de dette n'était qu'une donation déguisée et cachait quelque marché plus ou moins moral.

Au mois d'août 1806, le sieur M. mourut, la veuve C. assigna les héritiers du notaire en paiement de la somme de 30.000 francs. Ceux-ci exhibèrent la contre-lettre et soutinrent que la reconnaissance de dette était nulle, faute de cause.

Après différents incidents de procédure, la veuve se vit débouter par jugement du tribunal de Versailles, confirmé d'abord par la Cour de Paris, puis par celle de Cassation : « Attendu que la cause de la reconnaissance de la demanderesse est une espèce de servitude personnelle, contraire à la nature et à l'ordre public et en cela illicite ; que, d'ailleurs, elle ne peut être matière à une obligation, puisque la demanderesse ne pouvait être tenue de l'exécuter et que M. ne pouvait, de son côté, en exiger l'accomplissement et qu'ainsi n'y ayant aucun lien de droit, les dites obligations sont nulles, la première comme contenant une fausse, cause, la deuxième comme illicite et contraire à l'ordre public et encore.... parce que la liberté de disposer de son état n'est pas dans le commerce. »

On voit ainsi combien ce dernier arrêt est en contradiction avec ceux rendus à propos de conditions de viduité insérées dans des donations et des testaments ; une telle condition, insérée dans une simple convention, est, d'après cet arrêt, toujours nulle sans que les magistrats aient à examiner les intentions des parties qui l'ont imposée.

§ II

Nous venons de voir ce que la jurisprudence pense de la validité de la condition de viduité, maintenant, supposon des conditions de viduité valables et examinons les différents cas où on y contrevient et par conséquent où les libéralités qui y sont soumises deviennent caduques.

Naturellement, on contrevient à une condition de viduité quand on convole en justes noces : la plupart des arrêts que nous avons examinés, furent rendus dans cette hypothèse. La libéralité devient alors caduque et est restituable aux ayants droit qui sont soit le donataire, soit les héritiers du testateur, soit des personnes désignées dans la donation où le testament.

On a essayé d'attaquer les dispositions testamentaires qui stipulent qu'en cas de convol du légataire *Primus* la libéralité irait à *Secundus*, ou à son défaut à *Tertius*, sous prétexte que de telles dispositions étaient contraires à l'article 896 du C. civ. comme constituant des substitutions interdites.

La Cour de Colmar dans son arrêt du 8 août 1819, S. 20, II, 34, a condamné fort judicieusement cette théorie. Il s'agissait dans l'espèce du testament d'une femme Munch qui instituait son mari comme légataire universel : « Mais dans le cas où il convolerait, il serait tenu de rendre la moitié de ses biens aux pauvres ».

Le Tribunal de Strasbourg, par jugement du 13 février 1819, avait admis la thèse de la substitution prohibée ; mais la Cour de Colmar infirma ce jugement, car « si le Code prohibe la substitution, il permet les dipositions conditionnelles ; or, la substitution n'existe que lorsqu'il y a *un ordre successif* suivant lequel on recueille l'objet de la substitution après le décès du grevé ». On ne peut donc prétendre qu'il y ait substitution lorsqu'on veut le faire résulter d'un événement qui ne peut arriver que par le fait et du vivant du soi-disant grevé.

Nous savons maintenant à qui on doit restituer, nous n'avons rien de particulier à dire sur ce que l'on doit restituer tant en principal qu'en intérêts et fruits. Une libéralité faite sous condition de viduité, ne diffère à ce point de vue en rien des libéralités faites sous d'autres conditions.

Mais le remariage rend-il toujours caduques des libéralités faites sous une condition de viduité considérée *a priori* comme valable ? Cette question n'est pas sans présenter quelquefois des difficultés, par exemple si les seconds mariages ont été célébrés à l'étranger ou s'ils peuvent être annulés à cause d'un empêchement dirimant ou d'un vice de forme.

Si le second mariage a été célébré valablement à l'étranger, on doit admettre qu'il rend caduque la libéralité, mais s'il peut être annulé, il y a alors controverse.

L'arrêt de la Cour de Poitiers, rendu le 21 janvier 1901, D. 1902, II, 52, nous donne l'exemple d'un tel problème juridique.

En 1891, la dame Rabardeau décéda à La Rochelle, laissant à son mari l'usufruit de tous ses biens, mais sous cette condition : « qu'en cas de remariage de Renaud, son mari, le testament serait nul à son égard ».

Renaud chercha une combinaison qui lui permît de garder la libéralité tout en se remariant, un moyen qui rendit impossible aux héritiers de sa femme d'établir la preuve de son remariage. A cette fin il alla se remarier, le 2 juillet 1898, en Angleterre, à Westminster, sans avoir eu soin, bien entendu, de faire précéder son union de publication en France comme le veut la loi. Puis, marié civilement en Angleterre, sans faire transcrire le certificat de mariage délivré par l'officier de l'Etat civil anglais sur les registres de l'Etat civil de Paris, il revint se marier religieusement à l'Eglise Saint-Louis de l'Ile à Paris, où, constate l'arrêt de Poitiers, les cérémonies de ce genre même accomplies avec la pompe usitée en pareils cas passent inaperçues quand elles intéressent des personnes obscures.

Son calcul fut cependant déjoué, les héritiers de la femme parvinrent à découvrir le mariage civil célébré à Westminster et à se faire délivrer un certificat le constatant par l'officier de l'Etat civil de ce pays; puis ils assignèrent Renaud devant le Tribunal de la Rochelle pour entendre prononcer la révocation du dit legs d'usufruit fait par sa première femme.

Sur ces entrefaites, la seconde femme de Renaud assigna son mari devant le tribunal de la Seine, afin de faire annuler son mariage, prétendant : qu'elle n'avait pas contracté une véritable union devant produire des effets civils, parce que les formes suivant lesquelles les mariages entre Français doivent être contractés en Angleterre, en vertu de la règle *locus regit actum*, avaient été violées et enfin parce que le défaut de publication en France et l'absence de transcription de l'acte dudit mariage sur les registres de l'Etat civil de Paris rendaient cette union entachée de clandestinité.

Quoique Renaud fît défaut, le tribunal de la Seine refusa de prononcer la nullité de ce mariage, mais la dame Renaud en appela devant la Cour de Paris.

L'intention des époux Renaud était claire, maintenant que l'on avait pu prouver leur mariage, ils cherchaient à en faire prononcer la nullité. Ainsi ils espéraient garder le legs tout en se considérant au point de vue moral et religieux comme légitimement unis.

Renaud fit alors vainement plaider devant le Tribunal de la Rochelle qu'il y avait connexité entre cette instance et celle pendante devant la Cour de Paris et qu'il devait surseoir à statuer tant que l'instance en nullité de mariage n'aurait pas été solutionnée par la Cour de Paris.

Renaud en appela à la Cour de Poitiers qui, par l'arrêt du 21 janvier 1901, reconnut que dans l'espèce la condition de viduité était licite, car elle était inspirée par des sentiments respectables : l'affection portée par la testatrice à la fois à son mari et à sa famille. Elle fut d'avis que même en supposant le second mariage de Renaud entaché de nullité, il resterait encore à savoir si par le seul fait de sa célébration, il n'a pas produit certains effets définitifs, notamment celui de servir de point de départ et de base à une véritable possession d'état. La Cour pensa enfin que même si le second mariage pouvait être annulé, sa célébration avait cependant accompli d'une manière irrévocable l'éventualité prévue par la testatrice « dont il s'agissait avant tout au procès d'interpréter sainement et de faire respecter les dernières volontés » et elle refusa de surseoir à statuer en confirmant le jugement rendu par le tribunal de La Rochelle.

Dans une espèce identique, la Cour de Montpellier, par arrêt rendu le 15 janvier 1839, cité au Dalloz R.G. Dispositions, n° 159, note 4, refusa de prononcer la révocation de la libéralité : « Attendu que le second mariage doit être réputé non existant,... que la révocation doit être taxativement restreinte au cas prévu et qu'on ne peut déclarer le fait de l'existence d'un second mariage qu'en tant que c'est un mariage valable... »

Pour en finir avec la jurisprudence, examinons une question délicate, il s'agit de savoir si la condition de viduité peut rendre caduque une libéralité qui y est assujettie lorsque le gratifié, sans se remarier, s'adonne à la débauche.

Nous n'avons sur ce point que deux arrêts, en sens opposé du reste, rendus à propos de veuves ayant eu des enfants naturels : l'un par la Cour de Toulouse, le 7 janvier 1822, Devilleneuve et Carette, t. VII, II, 2, et l'autre par la Cour de Douai du 11 janvier 1848, D. 48, II, 148.

Le premier arrêt a été prononcé à l'occasion de faits qui s'étaient passés sous l'ancien régime. En 1789, un sieur Vialas mourut, il donnait à sa femme l'usufruit de ses biens sous la condition expresse qu'elle vivrait viduellement.

La veuve ne tarda pas, nous dit l'arrêt, à se consoler bientôt de la perte de son mari, elle quitta la maison conjugale, non sans faire de scandale en déclarant au Juge de Paix de ce pays, le 14 août 1793, qu'elle était enceinte. La veuve, après avoir vécu publiquement en concubinage, depuis la mort de son mari et accouché de pas moins de cinq enfants naturels, se vit, en 1818, assigner devant le tribunal d'Alby pour entendre prononcer la déchéance de son usufruit. C'est ce que fit ce tribunal qui assimila la malversation au remariage quant à la condition de viduité

La Cour de Toulouse confirma ce jugement. Elle s'appuya d'une part sur la Novelle 39 de Justinien et l'autorité de Furgole qui veulent, ainsi que nous l'avons étudié dans la Ire Partie, que la débauche n'offre pas plus d'avantages que les secondes noces. Elle considéra, d'autre part, surtout que le mari en imposant une condition de viduité à sa femme a eu nécessairement l'intention de s'assurer ou séparément ou cumulativement : 1° que sa femme lui garderait la foi conjugale ; 2° que ses enfants posséderaient un jour intégralement la fortune de leur mère ; 3° que la femme donnerait des soins exclusifs à la tutelle et à la surveillance des enfants issus de son union ; 4° qu'ainsi la malversation se trouve virtuellement sous-entendue dans la prohibition du convol.

La Cour de Douai avait à juger une affaire qui différait

de la précédente en ce que la veuve n'avait pas eu d'enfant de son union avec son mari. Ce dernier lui avait donné par testament l'usufruit de tous ses biens avec dispense de fournir caution, mais sous la condition de ne pas se remarier. Pendant son veuvage, elle donna le jour à un enfant naturel.

La Cour de Douai refusa de prononcer la déchéance du dit usufruit, estimant : « que rien ne prouvait que la pensée du testateur se soit portée sur le cas de survenance d'un enfant naturel, ni qu'il ait entendu attacher à cette circonstance le même effet qu'au convol de sa femme ; que surtout la déchéance du droit d'usufruit stipulée pour le cas de remariage était une peine prescrite seulement pour ce cas et qui ne pouvait, sous prétexte d'analogie, être étendue à aucun autre. »

Ces deux arrêts nous montrent bien les deux principes juridiques qui s'opposent ici l'un à l'autre ; le premier veut que l'on recherche l'intention du testateur ; le second exige de ne pas étendre par voie d'analogie toutes peines et déchéances.

CHAPITRE I

LA DOCTRINE

Tous les auteurs qui ont fait des travaux un peu considérables sur l'ensemble du droit civil ou plus spécialement sur les conditions, les donations, les testaments et le contrat de mariage ont été amenés à donner leur opinion sur la validité de la condition de viduité. La liste des auteurs dont nous aurons à examiner les opinions est donc longue; toutefois, il est fort regrettable que beaucoup d'entre eux n'ont traité cette question que d'une façon superficielle, en négligeant d'étudier son historique, ce qui est pourtant indispensable pour la discuter d'une façon sérieuse. Certains auteurs ont examiné ce sujet plus en tenant compte de leurs sentiments personnels sur les secondes noces qu'en se plaçant sur le terrain juridique.

Nous n'exposerons pas les opinions de ces différents auteurs d'après leur ordre chronologique, car un tel exposé ne pourrait être que confus et diffus, nous les grouperons au contraire en trois catégories : dans la première nous placerons celles qui admettent toujours la validité de la condition de viduité, dans la deuxième celles qui ne l'admettent pas toujours, enfin dans la troisième celles qui ne l'admettent jamais.

I

Le premier groupe comprend : Merlin (Répertoire, section II, § 5, art. IV, des conditions concernant les mariages) ; Favard de Langlade (Répertoire, donation entre vifs, section I, § II) ; Delvincourt (t. II, p. 190) ; Chardon (*Du dol et de la fraude*, t. III, nos 597-602) ; Grenier (*Traité des donations et des testaments*, éd. 1844, t. I, p. 705 et suiv.) ; Taulier-Duvergier (t. III, no 289) ; Massé et Vergé sur Zachariæ (t. III, § 464, not. 9) ; Proudhon (*De l'usufruit*, t. I, p. 409) ; Demolombe (*Donation et Testament*, t. I, nos 195 à 250 bis) ; Coin-Delisle (sur l'art. 900, nos 30 à 40) ; Saintespès-Lescot (*Des donations et testaments*, sur l'art. 900, no 30) ; Larombière (*Théorie et pratique des obligations*, art. 1172, nos 28 à 31) ; Troplong (*Donations et testaments*, t. I, nos 248 et 249) ; Fuzier-Hermann (R. G. alph. de Droit français, nos 272-287) ; Troplong (*Donation et Testaments*, t. I, nos 248 et 249) ; Guillouard (*Traité du contrat de mariage*, t. I, nos 105) et enfin M. J. André (*Thèse* de Paris, 1903, p. 270 et suiv.).

Ces différents auteurs n'ont pas, bien entendu, apporté tous le même développement à l'étude de notre question ; Taulier-Duvergier par exemple, ne fait qu'exprimer son opinon sans essayer de la défendre autrement qu'en s'appuyant sur l'abrogation des lois de la période intermédiaire et en se référant à quelques arrêts.

Merlin fut le premier des jurisconsultes, qui commentèrent notre Code civil, à examiner si la condition de viduité est valable ou non.

Cet auteur connaissait fort bien l'historique de cette question et il était particulièrement documenté dans la législation et la jurisprudence de la période intermédiaire pendant laquelle il joua un rôle de législateur et d'homme d'Etat des plus considérables.

Merlin ne voit, dans la condition de ne pas se remarier, d'abord rien d'impossible à exécuter, ce qui est indiscutable ; puis il prétend que cette condition n'est en rien contraire aux lois et aux bonnes mœurs, car les lois de l'an II sont abrogées et qu'on ne saurait mieux faire maintenant que de se référer sur cette question aux règles établies par le droit romain et l'ancien droit.

Favard de Langlade est, avec Chardon qui admit sa thèse, l'un des auteurs les plus hardis et les plus radicaux dans ses conclusions sur cette matière, car non seulement pour lui la condition de viduité, mais encore la condition absolue de ne pas se marier doivent être toujours considérées comme valables.

Favard de Langlade s'est décidé dans ce sens parce qu'il constate que le legs fait sous la condition de ne pas se marier ou remarier ne rend pas le légataire incapable de contracter mariage. Après avoir accepté le legs, il n'en est pas moins habile à contracter une union valable, une telle condition n'a donc pas pour résultat de le priver d'un droit, elle ne lui commande que de renoncer au legs s'il contrevient à la condition.

Favard de Langlade va plus loin et remarque qu'une telle condition n'est pas contraire aux lois, car il n'y en a pas qui ordonnent de se marier ou remarier, et il cite même certaines lois en vigueur à l'époque où il écrivait, qui au contraire favorisaient le célibat en encourageant les jeunes gens à entrer dans les ordres sacrés.

Grenier admet aussi toujours la validité de la condition de viduité, mais avec moins d'enthousiasme que les autres auteurs de ce groupe, car il reconnaît qu'elle n'est pas sans présenter quelquefois des inconvénients et des dangers, mais après avoir réfléchi sur ces difficultés, il estime que presque toujours elle n'a en pratique que des effets salutaires.

Massé et Vergé prétendent qu'en imposant une condition de viduité le testateur n'a pas eu l'intention de gêner la liberté qu'a le légataire de se remarier, qu'il n'a voulu que lui donner une preuve de son attachement et lui demander un sacrifice dont la libéralité est la récompense.

Demolombe est l'un des auteurs qui a le mieux et le

plus longuement traité cette question, il en a minutieusement retracé l'historique et a analysé les opinions des principaux auteurs.

Demolombe en terminant cette étude déclare admettre sans conteste une telle condition imposée par un époux à son conjoint survivant : car chacun sent, dit-il, dans son âme les légitimes motifs de tendresse et de susceptibilité, qui peuvent dicter une telle condition et qu'il est légitime pour le testateur de vouloir que sa libéralité ne serve pas de dot au légataire pour l'aider à contracter une deuxième union.

Il accepte également sans difficulté la validité d'une condition de viduité imposée par un parent ou même par un étranger à une femme restée veuve avec ou sans enfant. Certes, Demolombe n'est pas sans percevoir les dangers que présente son système, il sait qu'il peut pousser les veufs à mener une vie irrégulière, mais il estime que ces dangers ne sont pas suffisants pour faire condamner notre condition.

Coin-Delisle, complètement approuvé sur ce point par Saintesprès-Lescot, admet également sans réserve la validité de cette condition : quand elle est imposée par un époux à son conjoint, elle est, affirme-t-il, basée sur un sentiment d'affection des plus respectable ; quand elle est imposée par un tiers, même qui n'y a pas intérêt, elle peut être inspirée par une pensée religieuse, peu favorable aux secondes noces et qui n'est pas indigne de protection.

En tous cas, tant qu'il n'est pas reconnu qu'en soi la clause n'est pas contraire aux bonnes mœurs, on doit, pour Coin-Delisle, la présumer écrite dans des vues saines et raisonnables et il faudrait des circonstances bien fortes pour démontrer le contraire.

Larombière, après avoir exposé l'historique de notre question, constate que le convol ne mérite point la même faveur qu'un premier mariage, car la loi elle-même a ses rigueurs contre lui et, le plus souvent, il y a des enfants intéressés au maintien du veuvage. Quand il n'y a pas d'enfant, cet auteur estime que des considérations de justice et d'équité ne permettent pas de détourner une libéralité de sa destination individuelle pour en faire profiter un tiers que le donateur a voulu exclure. Certes, Larombière n'ignore pas que l'accroissement de la population par des unions légitimes est au plus haut point d'intérêt public, mais il croit que quand la dette que l'on a envers la société a été acquittée par un premier mariage, elle ne peut plus guère nous demander de faire quelque chose de plus sur ce point.

Troplong, après avoir constaté que les lois romaines s'expliquaient surtout par le désir de favoriser la repopulation en excitant à se remarier, dit que sous Justinien et dans l'ancien droit, la législation sous cette question était, comme l'a fort bien qualifiée Montesquieu, basée sur des idées de perfection. La validité de notre condition paraît à Troplong évidente, même sans prendre en considération l'intérêt des enfants : « Un mari, s'écrie-t-il, n'a-t-il pas un intérêt d'affection à ce que la veuve reste sa veuve ! Or, le testateur en imposant la viduité indemnise en quelque sorte son conjoint de ce sacrifice par des avantages pécuniaires, témoignages d'amitié ».

Troplong admet aussi la validité d'une condition de viduité affectant une libéralité faite par une personne étrangère à son bénéficiaire. Pour défendre cette thèse, il ne craint pas de se servir d'arguments tout au moins bizarres.

En voici un exemple, pour démontrer qu'une telle condition a le plus souvent été insérée par affection pour celui à qui elle était imposée, il déclare : « J'ajouterai pour donner à ma proposition encore plus d'étendue : un homme peut avoir fait du mariage une triste épreuve, esprit difficile, caractère insociable ; il a rendu son épouse malheureuse et il ferait certainement le désespoir de celle qu'il épouserait en secondes noces. Le testateur qui l'aime et veut le préserver d'une résolution téméraire lui impose la viduité en lui faisant un legs ! C'est une bonne et humaine disposition, elle devra être respectée ! »

Voilà, certes, un cas bien particulier, on ne doit pas le rencontrer souvent en pratique, mais n'en déplaise aux partisans de Troplong, nous inclinons à penser qu'un tel testateur, en imposant cette condition de viduité, aurait plus agi par pitié pour celles qui auraient été tentées d'épouser un veuf aussi irascible, que par sympathie pour ce dernier.

Guillouard, après avoir constaté que la condition de viduité est fréquemment stipulée dans les donations faites par contrat de mariage, croit qu'elle est toujours licite, car on doit présumer qu'elle repose sur l'intérêt des enfants, s'il en existe, ou, s'il n'en existe pas, sur le désir légitime de conserver à sa famille la libéralité faite par le donateur, plutôt que de la voir augmenter le patrimoine d'un nouveau conjoint du donataire.

Guillouard répond à ceux qui lui objectent que cette condition est une entrave à la libéralité de se remarier, que le veuf demeure parfaitement libre de le faire, mais en n'apportant dans un second mariage que sa fortune personnelle et non celle de son conjoint prédécédé.

Presque tous les auteurs qui composent ce groupe appartiennent à la génération de ces jurisconsultes qui commentèrent, les premiers notre Code civil, M. André dans une thèse relativement récente est un des rares auteurs de notre époque qui ait accepté de se joindre à eux.

Il adresse d'abord des reproches sévères à la Jurisprudence qui ne prend en considération que les motifs de son auteur pour apprécier si une condition de viduité est valable; ainsi elle en arrive à fouiller dans sa vie privée pour y chercher, le plus souvent vainement, ses véritables mobiles.

Comme la jurisprudence et la doctrine admettent que les libéralités faites sous notre condition sont toujours valables quand elles portent sur une rente viagère ou sur un usufruit, car on peut alors considérer ces libéralités comme faites à terme « pendant le veuvage » qui doit nécessairement prendre fin soit par la mort, soit par le remariage, il semble à M. André qu'on puisse fort bien assimiler à de telles libéralités celles portant sur des nues-propriétés ou même sur des pleines propriétés, car on satisferait ainsi des sentiments très légitimes.

Eh ! M. André ne craint point d'aller plus loin : sans nier même que son système puisse être de nature à favoriser le concubinage, ce qui n'est pas pour l'émouvoir, il constate très philosophiquement que s'il est vrai qu'il en soit ainsi, eh ! bien, ce n'est pas la première fois que nous voyons le concubinage mieux traité par la loi que le mariage, car il y a des nécessités contre lesquelles on ne peut aller.

Résumons-nous, les auteurs de ce groupe admettent en principe sans restriction la validité de la condition de viduité.

1° Car une telle condition n'est pas contraire aux lois : aucune ne prohibe le célibat et certaines même l'encouragent.

2° Parce que la liberté de tester est une chose sacrée avant tout.

3° Puisque la libéralité faite sous cette condition n'est que la récompense de l'affection conservée au défunt.

4° Enfin pour cette raison que cette condition est insérée presque toujours dans l'intérêt du bénéficiaire de la libéralité et qu'elle ne produit en pratique que d'heureux effets.

II.

Le deuxième groupe comprend une liste d'auteurs sensiblement moins grande que celle du groupe précédent. Citons Taulier (*Théorie raisonnée du Code civil*, t. IV, p. 323); Vazeille (sur l'art. 900 n° 5); Demante (sur l'art. 900, n° 16 bis); Aubry et Rau (t. VII, § 692); Rodière et Pont (*Traité du contrat de mariage*, t. I, n° 52); Labbé (note sous l'arrêt de Montpellier, 14 juill. 1858, S 58, II, 305); Duranton (t. VIII, nos 127 et suiv.).

Pour Taulier, la condition de viduité paraît être en général contraire aux bonnes mœurs, car stipuler le célibat, c'est se condamner en quelque sorte aux fautes par lesquelles on échappe à ses privations. Mais cet auteur croit que ces inconvénients cessent d'être à redouter pour des personnes qui ont atteint l'époque de la vie où la société et la nature n'invitent plus au mariage.

A ses yeux, même la condition de ne pas se marier avec telle personne doit être considérée comme contraire aux bonnes mœurs, car elle peut avoir pour but de gêner une affection, détruire un espoir de bonheur et provoquer dans une vie pleine de regrets d'immorales consolations.

La condition de viduité est, pour lui, à plus forte raison

illicite si son objet est d'empêcher un mariage que l'honneur commande sans qu'un utile préjugé le réprouve ; elle cesse de l'être si elle s'applique à un mariage que de sages considérations doivent faire regarder comme mal assorti.

Vazeille, après avoir remarqué que ceux qui se sont mariés une fois peuvent avoir rempli leur devoir envers l'Etat, et que les veufs ou les veuves avec des enfants ont toujours des devoirs envers eux auxquels l'Etat s'intéresse, et qu'un nouveau lien fait souvent négliger, et après avoir fait l'historique de la question et exposé les opinions des principaux jurisconsultes, est d'avis qu'il y a lieu en toute justice d'assimiler les veufs ou les veuves sans enfant à ceux qui n'ont jamais été mariés pour annuler toute condition les empêchant de convoler en secondes noces.

Demante ainsi qu'Aubry et Rau ne font que mentionner les difficultés de notre question, ils hésitent à se prononcer sur le caractère licite d'une condition de viduité imposée par un étranger surtout, si le veuf ou la veuve n'a pas d'enfant.

Rodière et Pont pensent qu'il est tout naturel à un époux qui a des enfants de ne pas vouloir, en faisant une libéralité à son conjoint, en faire plus tard profiter un étranger à leur détriment. S'il n'existe pas d'enfant, ces auteurs croient que la condition de viduité ne peut guère le plus souvent n'avoir été édictée que par le désir de faire survivre la foi conjugale au delà de ses limites raisonnables et qu'elle est de ce fait illicite.

Labbé observe, tout d'abord, qu'une condition de viduité insérée dans une libéralité n'enlève pas à son bénéficiaire la faculté de contracter un second mariage valable, mais qu'elle l'expose seulement en ce cas à une restitution forcée des biens reçus.

L'attention de cet auteur est surtout attirée par les désordres que peuvent causer dans les familles une telle condition : le donataire partagé entre une affection nouvelle qui le domine et le désir de conserver le bénéfice de la libéralité se trouve excité à vivre dans une situation irrégulière et immorale. Labbé remarque que notre ancienne jurisprudence échappait à ce danger en déclarant en ce cas le bénéficiaire de la libéralité indigne de la conserver, mais il estime que l'esprit de notre législation doit éviter des procès aussi scandaleux et des recherches inquisitoriales dans la conduite privée. Il va plus loin, et après avoir dit que l'intention du testateur en se contentant d'imposer une condition de viduité au légataire ne lui fait pas l'injure de supposer qu'il puisse vivre dans l'immoralité, prétend que des secondes noces causent aux enfants d'un premier lit un préjudice beaucoup plus considérable qu'une union méconnue par la loi !!

Labbé se demande aussi comment on définirait le fait qui entraînerait la révocation du legs? Y aurait-il lieu d'attendre qu'un enfant naturel soit né ? S'il existe, sera-t-il nécessaire qu'il ait été reconnu ? Il voit dans ces procès une source de discussion fâcheuse à laquelle il préfère couper court en faisant dépendre la déchéance de la libéralité uniquement d'un second mariage.

Comme le système qu'il défend présente des dangers, il voit là une raison grave de ne pas admettre comme thèse absolue la validité de notre condition, il reconnaît un pouvoir discrétionnaire d'appréciation aux tribunaux qui devront surtout rechercher si le donateur a eu un intérêt moral, personnel, considérable à faire insérer une telle condition.

Labbé est d'avis qu'elle peut être licite quoique n'étant pas toujours imposée par un conjoint, par exemple si c'est un beau-père qui gratifie sa bru, un fils qui fait une libéralité à sa mère, car alors l'intérêt moral de s'opposer à de telles unions en ne les facilitant pas et en ne les enrichissant pas est assez grand, assez digne de faveur pour l'emporter sur les inconvénients ci-dessus signalés et pour que les volontés du disposant soient respectées.

Duranton, enfin, est l'un des auteurs de ce groupe qui a étudié avec le plus de soin notre question. Il sait, puisque l'on déroge aux effets des lois non seulement en n'exécutant pas leurs dispositions expresses, mais encore en enfreignant leurs dispositions tacites, qu'on devrait toujours considérer comme illicite la condition de viduité, car elle équivaut souvent à frapper, en fait, le légataire de l'incapacité de se remarier et à l'empêcher de faire une chose utile à la société, à la famille et à lui-même. Aussi, ce n'est que parce que certaines lois frappent de déchéances les secondes noces dans l'intérêt des enfants du premier lit, que Duranton admet la validité de certaines conditions de viduité ; mais il n'hésite pas à condamner celles qui ne sont imposées que par suite d'un caprice ou d'une volonté bizarre et qui ne peuvent présenter aucune utilité. En un mot, il considère comme valable une condition de viduité imposée à un veuf ou une veuve ayant des enfants par son conjoint ou ses parents.

Les auteurs qui composent ce groupe admettent les mêmes idées que celles émises par les juristes du groupe précédent, mais ils perçoivent déjà avec plus de crainte les inconvénients que présente la condition de viduité en entravant la liberté des secondes noces et en exposant ainsi les veufs et les veuves au concubinage et à la débauche.

III

Les auteurs du troisième groupe sont peu nombreux, ce sont : Pezzani (Des empêchements à mariage; n° 135), Dalloz (Dispositions entre vifs R.G, nos 156 et suiv.). Bellot des Minières (Le contrat de mariage considéré en lui-même, nos 86-90). Laurent (t. XI, nos 430 et 502). (Huc t. VI sur l'art. 900, no 60). Planiol (t. III, nos 3040 et 3041).

Il ne faut pas croire parce que les auteurs qui font partie de ce groupe sont aussi rares, qu'il est le moins important des trois. Ces auteurs appartiennent, en général, à une époque plus récente que les précédents, certains sont des jurisconsultes de la plus haute valeur et ils ont fait valoir des motifs sur lequels, avant eux, on n'avait que fort peu attiré son attention.

Pezzani et Dalloz se contentent de déclarer qu'ils sont adversaires de la condition de viduité, parce qu'ils sont partisans de la liberté absolue en matière de mariage et que les motifs qui font apparaître les deuxièmes unions comme moins favorables que les premières ne sont pas suffisants pour faire admettre une condition qui porte aussi atteinte à la liberté individuelle des légataires et des donataires.

Bellot des Minières est un des adversaires les plus résolus de la validité de notre condition.

Il estime que si l'on recherche les motifs qui peuvent avoir inspiré son auteur, on s'aperçoit qu'ils sont toujours répréhensibles : l'époux donateur en gênant la liberté de son conjoint n'a d'autre but, en effet, que d'imposer un deuil qui dure jusqu'à sa mort. Eh ! constate Bellot des Minières, s'il est vrai que ce n'est pas toujours par ce moyen qu'on se fait regretter, il n'est pas moins vrai qu'un second mariage ne fait pas toujours oublier le premier, car on n'oublie jamais ce que l'on a bien aimé et qui a mérité de l'être. Le cœur, d'autre part, ne semble pas, pour lui, fait pour l'isolement, le besoin d'aimer encore peut se faire sentir : une nouvelle compagne, c'est une nécessité que l'âge, la vieillesse même peut commander ; c'est donc mal aimer quelqu'un que de l'empêcher de se remarier, car on le force à souffrir sans profit pour personne.

Bellot des Minières prétend même qu'un remariage ne porte pas le plus souvent grand préjudice aux enfants d'un premier lit et que, bien plus, il n'est pas rare de voir des veufs et des veuves ne se remarier que par souci pour leurs enfants.

Pour cet auteur la loi ne commande pas plus le mariage que le célibat, elle laisse libre, aussi il considère comme contraire à l'ordre public et dangereux pour les mœurs d'arriver en quelque sorte à acheter, grâce à une condition de viduité, le droit de se remarier. Du reste, constate-t-il, si l'on admet la validité de cette condition, le veuf qui veut convoler en deuxièmes noces, devra racheter sa liberté en restituant la libéralité ; or, on pourra ainsi, s'il n'a pas d'argent et comme il est en présence d'une dette d'honneur, le placer entre la honte et la souffrance et le forcer finalement à souffrir.

En terminant son réquisitoire contre notre condition, Bellot des Minières s'écrie enfin : « Si la condition de viduité est valable, pourquoi la stipulation pure et simple ne le serait-elle pas ? « Pierre dit à Jacques : « Si vous ne vous mariez pas je vous donne 20.000 francs, si vous vous mariez, vous me donnerez 40.000 francs. » Quelle différence entre cette espèce et la précédente ? »

Laurent, contrairement à la presque unanimité des auteurs dont nous venons d'exposer les opinons, au lieu de rechercher seulement si la condition de viduité porte ou non atteinte à la morale, s'occupe surtout de savoir si elle n'est pas contraire à l'ordre public.

Il n'ignore pas, en effet, les motifs qu'exposa Barrère, en défendant la loi des 5 et 12 septembre 1791 : « Ce n'est pas seulement moi, dit-il, qui réclame l'adoption de cet article, c'est la constitution elle-même, c'est la nécessité d'assurer ses maximes et d'affermir son esprit ; c'est le moyen d'arrêter les effets malheureux de l'intolérance civile et religieuse, c'est le besoin de poser de justes bornes aux préjugés et au despotisme de quelques citoyens qui ne peuvent se plier aux principes d'égalité politique et de tolérance... »

Laurent ne considère pas les lois de la période intermédiaire comme abrogées par la loi du 30 ventôse an XI (art. 7) : la loi de 1791 ne sert qu'à sanctionner les principe de 89, qui sont toujours les nôtres et forment la base de notre ordre public et social. Pour ce jurisconsulte les lois de 1791 et de l'an II ne sont que l'expression des idées et des sentiments de la société moderne, et les interprètes du Code civil ont tort d'aller chercher à Rome ou dans notre ancien droit des auteurs pour expliquer l'art. 900 du Code civil, alors qu'il ne doit son existence que pour servir de garantie aux principes de 89 contre les attaques des aveugles partisans du passé.

Cet auteur réfute l'opinion de Montesquieu (*Esprit des Lois* XXIII, 6) qui prétend que les constitutions des Empereurs chrétiens et spécialement de Justinien étaient basées sur des idées de perfection : « on a vu, dit-il, les parfaits à l'œuvre et on a pu constater que toute violation de la loi naturelle conduit à l'immoralité, bien moins d'élever les hommes à une perfection imaginaire. »

Pour Laurent, les lois de la Révolution sont donc bien l'expression de nos mœurs et il convient en conséquence de réputer non écrite toute condition qui gêne la liberté des mariages, vraies bases de la moralité, et qui en les entravant favorise l'immoralité. Du reste, quoiqu'on pense du célibat volontaire, il est persuadé que quand le célibat est imposé, il devient illicite comme portant atteinte à la loi naturelle et morale du mariage.

Laurent considère que si la jurisprudence s'est fixée dans le sens que nous avons exposé, c'est que les magistrats ont été influencés le plus souvent par des circonstances de fait : il s'agissait par exemple d'une épouse délaissée qui avait pardonné en mourant à son mari. Il avoue que la jurisprudence n'a fait que corriger les défauts de la loi qui devrait laisser aux tribunaux le droit de maintenir la condition de viduité imposée dans certaines circonstances, mais il est d'avis que la doctrine ne peut porter la main à de telles transactions avec les principes, sinon il n'y a plus de principes.

M. Huc s'étonne également que dans la question de la validité de notre condition, aucun auteur ne se soit préoccupé du seul point de vue qu'il y ait à vérifier, celui de savoir si cette condition est compatible avec le droit d'ordre public qui appartient à toute personne de se marier et par conséquent de se remarier. Il admet que s'il est vrai que les lois de la Révolution sont abrogées, ce qui est contestable, il n'en est pas moins vrai, qu'elles doivent servir d'interprétation à l'article 900 qui n'a d'autre but que d'en reproduire la substance.

Eh! M. Huc condamne la jurisprudence, car il juge inadmissible que les tribunaux aient le pouvoir de substituer leur appréciation personnelle aux motifs généralement inconnus qui ont inspiré le donateur ou le testateur sous prétexte d'apprécier la moralité de ladite condition. Cet auteur conclut que cette condition doit être prise telle qu'elle est, indépendamment des motifs de son auteur, et il constate qu'elle est dans tous les cas une entrave à la liberté des mariages et doit être dans tous les cas réputée non écrite.

Nous nous en voudrions de terminer ce chapitre sans mentionner ici l'opinion de M. Planiol. Ce savant professeur, dans son *Traité élémentaire de Droit civil*, consacre quelques lignes à notre sujet et analyse les difficultés qu'il présente d'une façon certes un peu succincte mais en des termes très concis et très clairs. C'est en étudiant son ouvrage que nous eûmes l'intention de faire cette thèse.

Les auteurs de ce dernier groupe, sans prendre en considération le respect dû à la volonté des testateurs et des donateurs, sans se soucier de l'intérêt des enfants issus des premières unions, ont donc condamné la condition de viduité, non pas tant comme étant immorale, que comme étant contraire à la notion d'ordre public établie par les principes de 89.

CHAPITRE III

APPRÉCIATION DE LA JURISPRUDENCE ET DE LA DOCTRINE

Dans notre introduction, nous prîmes l'engagement de traiter notre sujet surtout au point de vue juridique, nous croyons avoir jusqu'ici tenu parole. Il convient cependant, pour un instant, de faire abstraction des principes du droit et de nous demander quelle est d'après nos idées la solution que nous aimerions voir triompher au sujet de la validité de la condition de viduité.

Trois raisons à notre avis militent contre notre condition.

Nous pouvons déjà remarquer qu'elle est une entrave à la liberté des mariages. Or, on peut constater que les unions légitimes seules, peuvent permettre à la population d'un pays de se maintenir ou d'augmenter. Dans les unions illégitimes, les femmes ayant des enfants sont peu recherchées et souvent une grossesse est une cause de rupture; au contraire, les enfants contribuent à « cimenter » les mariages.

En France, plus particulièrement où la dépopulation sévit si fortement (1), et nous place à l'égard de nos rivaux dans un état d'infériorité aux points de vue commercial, industriel et militaire, il convient de favoriser les unions légitimes. Certes, objectera-t-on, les remariages ne donnent que peu d'enfants à l'Etat, c'est juste, mais quand la natalité se trouve aussi basse qu'elle l'est aujourd'hui chez nous, il n'y a pas de petits moyens négligeables pour enrichir l'Etat de quelques citoyens.

Toutefois, le seul désir de combattre la dépopulation ne sera pas suffisant pour faire condamner les conditions de viduité imposées à des personnes trop âgées pour avoir des enfants, mais à côté d'un intérêt d'état qui est hostile à notre condition, on peut citer l'intérêt des individus. Ni l'homme ni la femme ne sont faits pour vivre seuls, le célibat n'a toujours été, son histoire nous le montre, que réservé à une élite de gens ou très vertueux ou très corrompus. Les propres instincts poussent les veufs et les veuves à se remarier pour jouir des plaisirs du mariage et plus particulièrement de la paternité et de la maternité. Mais même pour les personnes trop âgées pour espérer avoir en se remariant des enfants, leur union leur procure encore de grands avantages ; elles ont dans la vieillesse et dans la maladie les soins d'un conjoint, beaucoup plus désintéressés

(1) V. *J. off.*, 18 juin 1910, Statistique annuelle de la population en France d'après les registres de l'Etat civil. Résultats comparatifs avec un certain nombre de pays.

et affectueux que ceux d'un salarié. Eh ! même d'une façon plus prosaïque, le veuf ne trouve-t-il pas dans une seconde femme, une seconde maîtresse de sa maison et la veuve, dans un second mari, un homme sur lequel elle pourra se décharger de la gestion de ses affaires à laquelle elle peut n'avoir ni goût ni expérience. Il ne faut du reste pas croire, et cela n'est qu'un préjugé, que l'époux qui se remarie n'a plus la même affection pour son conjoint décédé, il n'est pas rare en effet de voir ceux qui ont convolé en secondes noces regretter leurs premières amours et on peut même constater que la plupart des secondes unions sont des mariages de raison et non d'inclination.

Nous avons vu dans différents arrêts, et beaucoup d'auteurs l'ont constaté eux-mêmes, que l'homme et la femme sont vivement attirés l'un vers l'autre et qu'il n'est pas sans danger de priver un jeune homme ou une jeune femme de la liberté de se remarier après avoir goûté des avantages et des plaisirs d'une première union. Leur tempérament, leurs passions peuvent être plus forts que leur force morale et les pousser vers le concubinage et la débauche. Certes, ce danger est plus considérable pour l'homme que pour la femme, car les préjugés mondains admettent, on pourrait même dire, quelquefois encouragent les écarts de conduite d'un homme, tandis qu'ils se scandalisent quand une femme mène une vie irrégulière. Il n'en est pas moins vrai qu'une veuve jeune et jolie qui doit perdre sa fortune si elle se remarie, verra sa vertu bien en danger si elle se laisse entraîner dans certains milieux. Pour nous, nous considérons que la société et la morale doivent repousser toute condition qui pourrait exposer à la débauche ceux auxquels elle est imposée. Nous pensons, d'autre part, que si l'on peut admettre quelquefois la validité de la condition de viduité, on devra alors toujours assimiler le concubinage et la débauche notoire au remariage pour déclarer caduque la libéralité soumise à une condition de viduité.

Deux motifs peuvent être mis en avant pour faire admettre la validité de cette condition.

Le premier, c'est l'intérêt des enfants du premier lit. Ce qui a surtout impressionné les magistrats et les auteurs, c'est que si l'on admettait la nullité de notre condition, on verrait en quelque sorte une libéralité faite par un premier conjoint favoriser l'établissement....... nous voulons dire le remariage de l'époux survivant. Ceci a semblé paradoxal, étant donné le préjudice pécuniaire que cause un second mariage aux enfants d'un premier lit, sans parler de l'hostilité que leur témoigne souvent un beau-père ou une belle-mère. Il y a lieu toutefois de faire observer qu'il n'est pas rare de voir des veuves à la tête d'affaires importantes ou embrouillées ne se remarier que par affection pour leurs enfants afin de protéger leur situation de fortune, administrer leurs maisons de commerce, faire marcher leurs usines et quelquefois même pour qu'un fils ou un gendre puisse être à la tête d'une affaire qui est depuis longtemps dans leur famille et dont elles connaissent tous les avantages. On voit aussi des veufs retenus par leur profession ou leurs travaux ne convoler en secondes noces que pour confier leurs enfants à une femme qui en prendra plus de soin qu'une servante et qui ainsi pourra leur éviter de connaître la vie de pension et leur fera au contraire apprécier les bienfaits de la vie de famille.

Il est enfin une considération très importante en faveur de la condition de viduité, c'est que si on la réputait non écrite, on pourrait nuire, somme toute, aux veufs et aux veuves en les privant de recueillir des libéralités qu'ils auraient pu recevoir. Pour cette raison, nous admettons la théorie de la Jurisprudence sur la condition pouvant être considérée comme la cause impulsive et déterminante d'une libéralité. Nous croyons également, quoiqu'il soit moral de faciliter le mariage d'un veuf avec la femme qui a partagé les fautes de ses relations adultères, qu'on ne peut cependant déclarer nulle une condition de viduité imposée par une épouse délaissée et qui a pardonné.

Toutefois, nous n'admettons pas sans réserve la thèse qui consiste à avoir une très grande faveur pour la condition de viduité afin de ne pas entraver les libéralités. Nous pensons en effet que le mal est moins grand de priver un veuf d'un legs, que de l'enchaîner dans un célibat forcé en le menaçant de lui faire perdre en un instant sa fortune après avoir joui pendant déjà un certain temps des avantages qu'elle procure. Il est certainement beaucoup plus pénible d'avoir une situation modeste après avoir possédé une grande fortune que d'être resté toujours dans une médiocre situation pécuniaire.

En résumé, nous considérons qu'en principe la condition de viduité doit être déclarée nulle, mais nous exceptons le cas où il y a des enfants d'un premier lit ; alors nous ne refusons pas d'admettre sa validité sauf si le second mariage a été contracté justement dans l'intérêt de ces enfants. Enfin nous admettons que cette condition puisse être considérée comme la cause impulsive et déterminante d'une libéralité.

Voyons maintenant si notre thèse peut être défendue en droit.

Commençons par combattre la théorie de la Jurisprudence, qui repose à notre avis sur des principes antijuridiques : suivant que les motifs du donateur ou du testateur ont été moraux ou non, licites ou pas, la condition de viduité sera valable ou réputée non écrite ; nous ne voyons pas, quant à nous, un texte de loi qui permette de tenir compte des motifs des parties pour juger si un acte juridique est licite. Ces motifs se trouvent dans leur for intérieur : il appartient peut-être au moraliste, au psychologue ou au directeur de conscience de les rechercher et de les juger, mais non au juriste. Celui-ci doit examiner l'acte en lui-même et l'apprécier au sujet de sa moralité d'après les effets qu'il est susceptible de causer.

Il importe de ne pas confondre les motifs des parties

avec leurs intentions : leurs motifs sont les raisons qui les poussent à faire un acte juridique, le juriste n'a pas à s'en préoccuper ; leurs intentions sont les conséquences que doit, d'après elles, produire l'acte. Les premiers sont généralement pour le magistrat impossibles à connaître, les secondes peuvent être appréciées d'après les termes même de l'acte juridique et d'après les circonstances. Un exemple fera comprendre la différence : prenons une vente. Pourquoi le vendeur aliène-t-il ? C'est peut-être parce qu'il est dans une situation gênée, c'est peut-être parce que ses fonds lui sont utiles pour les besoins d'une maison de commerce, c'est peut-être parce qu'il veut dilapider sa fortune pour satisfaire ses plaisirs. Voilà les motifs qui peuvent pousser quelqu'un à vendre. Quoiqu'il en soit, les magistrats qui ont à connaître des difficultés qui peuvent naître de cette vente, n'ont pas à s'en occuper, car ils sont le secret de la pensée du vendeur.

Ses intentions, au contraire, sont les conséquences qu'il avait prévues en contractant. Ses intentions pourront souventêtre connues d'après les termes de l'acte de vente et les magistrats auront le devoir de les rechercher pour apprécier toutes les clauses obscures qui peuvent se trouver dans l'acte même de vente.

Nous admettons que les intentions de ceux qui imposent une condition de viduité doivent être prises en considération pour rechercher si cette condition n'a pas été la cause impulsive et déterminante de la libéralité, mais nous ne pouvons que protester contre la théorie de la jurisprudence qui veut faire dépendre la validité de notre condition des motifs de son auteur, impossibles le plus souvent à connaître.

On a pu, du reste, s'apercevoir, en étudiant la jurisprudence, que les tribunaux ont presque toujours substitué leurs appréciations personnelles aux véritables motifs de la condition de viduité et qu'ils ont admis quelquefois des arguments d'avocat peu vraisemblables pour l'expliquer.

Nous croyons, quant à nous, que ceux qui imposent une telle condition à des veufs ou à des veuves, quoique n'étant pas parents avec eux, cachent le plus souvent quelque trafic plus ou moins répréhensible. Nous sommes persuadés que quand elle est imposée à des veufs ou des veuves sans enfant par leur conjoint, ce n'est pas par affection pour eux et pour les protéger contre la faiblesse de leur caractère ou de leur sens moral, mais bien plutôt par jalousie posthume. Le véritable état d'esprit du conjoint donateur ou testateur, nous le trouvons exposé par M. l'avocat général Desjardins dans ses conclusions que nous avons précédemment analysées (Chap. I) : « En dépouillant la correspondance de Proudhon, déclare-t-il, j'y trouvais une lettre datée du 30 décembre 1863 où ce célèbre écrivain socialiste disait : « Si je pouvais après ma mort apprendre que ma femme a convolé en secondes noces, je me lèverais de la tombe, comme le fantôme de la légende, pour venir punir l'infidèle ». Ce sentiment est le plus souvent exagéré d'après M. l'avocat général qui constate fort spirituellement que les maris en pareil cas restent tranquillement dans leur tombeau. »

Pour nous donc, si l'on devait s'attacher aux motifs qui ont inspiré l'auteur de notre condition, on devrait toujours la considérer comme illicite, sauf quand elle est imposée par un conjoint ou ses proches parents à un veuf ou une veuve dans l'intérêt des enfants du premier lit.

Nous ne nous attarderons pas à réfuter les raisons soutenues par les auteurs en faveur de notre condition.

Ceux qui prétendent que cette condition n'est pas contraire aux lois parce qu'aucune loi ne défend le célibat, semblent ignorer qu'il n'est pas permis d'entraver les libertés individuelles, parmi lesquelles on doit placer au premier rang la liberté de se marier.

Nous avons, d'autre part, précédemment rejeté la théorie qui veut qu'on reconnaisse comme valable notre condition en la légitimant seulement par la liberté de tester ou par considération qu'on découragerait, en la rejetant, les libéralités faites aux veufs et aux veuves.

M. Bartin réfute en des termes excellents, dans son ouvrage *Sur les conditions illicites* (p. 202) la théorie dite de l'option, par laquelle on prétend que la condition de viduité ne porte pas atteinte à la liberté qu'a le veuf de se remarier sous prétexte qu'il a le choix ou de se remarier ou de renoncer à la libéralité.

M. Bartin répond à cette triomphante argumentation, qu'elle pourrait indifféremment s'appliquer à toutes les conditions illicites et entraîner leur validité malgré les textes formels qui les frappent (art. 900 et 1172 C. civ.). Mais l'option n'est au fond qu'une contrainte mise à la volonté de l'héritier (cf. Paris, 23 décembre, 1874 D. 76, II, 83).

Nous n'irons pas cependant jusqu'à conclure avec Laurent et Huc que la condition de viduité peut porter toujours gravement atteinte à la liberté de se remarier et pour ce motif être toujours considérée comme illicite. Nous croyons que tout dépend des circonstances dans lesquelles se trouvent les veufs ou les veuves. Si les biens qu'ils sont appelés à perdre par leur remariage sont peu importants eu égard à leur situation de fortune, si leur âge, leurs enfants, leurs sentiments religieux, leurs relations de famille ou d'amitié les invitent à ne pas convoler en secondes noces, nous concluons qu'alors la condition de viduité ne sera qu'une gêne bien peu importante à la liberté de se remarier et pourra être licite.

Au contraire, si les veufs ou les veuves sont jeunes encore, sans enfant, isolés dans la vie et appelés à perdre la presque totalité de leurs biens après avoir goûté des avantages que procure la fortune ou l'aisance, nous considérons qu'en fait sinon en droit, ces veufs et ces veuves se voient privés d'une liberté très légitime par une condition qui ne peut être que contraire à l'ordre public.

En résumé, nous ferons dépendre la validité de la condition de viduité de l'atteinte portée au droit que l'on a de se remarier : s'il y a simplement gêne dans la liberté de se remarier, nous pensons que l'ordre public n'est pas intéressé et que le droit de tester ou de donner doit être respecté, si au contraire les circonstances dans lesquelles se trouve le veuf, font qu'il ne se remarie pas uniquement en considération de la condition de viduité, nous n'hésitons pas à la condamner comme contraire à l'ordre public.

Eh ! notre système n'a pas les mêmes inconvénients que celui de la Jurisprudence, les motifs d'un testateur ou d'un donateur sont impossibles en fait à connaître d'une façon sûre ; au contraire, rien n'est plus facile d'apprécier les circonstances dans lesquelles se trouve le veuf ou la veuve.

Nous irons même jusqu'à dire que si les libéralités soumises à notre condition portent sur un usufruit ou une rente viagère considérable, formant la presque totalité de la fortune du veuf, elles pourront être réputées faites sans condition, sinon par application de l'art. 900, en utilisant l'adage, *fraus omnia corrumpit*, quand il est démontré que le testateur ou le donateur avait cherché à tourner les dispositions de la loi, tout au moins par application de l'article 6 du Code civil qui est beaucoup plus général.

Nous n'hésitons pas non plus dans les cas où la condition de viduité est valable à assimiler le concubinage et l'inconduite notoire au remariage pour faire tomber la libéralité. Nous ne pouvons que nous étonner qu'un jurisconsulte comme Labbé, qui jouit d'une grande réputation des plus méritée, ait osé dire que la malversation du veuf ou de la veuve cause aux enfants un moins grand préjudice que les secondes noces.

Certes, les enfants légitimes d'un deuxième lit ont plus de droits dans la succession de leurs parents que des enfants naturels ; mais il n'en est pas moins vrai que les enfants d'un premier lit souffrent d'un préjudice moral autrement grave qu'une perte d'argent, si leur père ou leur mère vive en concubinage. Souvent même il n'y a pas dans ce cas qu'un préjudice moral, l'inconduite peut pousser le veuf ou la veuve à dilapider leur fortune personnelle et même celle de leurs enfants mineurs. Bien plus, cette inconduite constitue une tare pour la famille qui nuira gravement à l'établissement des enfants.

Nous sommes même persuadé que si le testateur ou le donateur n'a stipulé la déchéance de la libéralité qu'en cas de remariage, son intention n'en est pas moins certaine, s'il n'a pas parlé du concubinage ou d'inconduite notoire, c'est qu'il n'a pas voulu faire l'injure au veuf ou à la veuve de préciser cette éventualité, soit par estime, soit par affection.

Il convient cependant de faire certaines réserves, nous pensons que si l'on doit en notre matière assimiler aux secondes noces le concubinage et l'inconduite notoire, il ne faudrait pas étendre cette peine à des écarts de conduite passagers, car en allant trop loin dans cette voie, on ne parviendrait qu'à instituer la délation dans les familles et qu'à faire vivre des agences de renseignements dont le personnel est recruté le plus souvent parmi les gens tarés. Du reste, on peut constater que ces écarts de conduite causent certainement moins préjudice aux enfants qu'un procès qui serait forcément scandaleux et qu'ils n'excluent pas enfin l'affection du veuf ou de la veuve pour son conjoint défunt.

Examinons maintenant quand le veuf à qui l'on a fait une libéralité sous une condition de viduité valable, contracte une deuxième union nulle, si un tel remariage suffit à faire prononcer la déchéance de la validité?

Nous pensons qu'il y a différents cas à distinguer. Si la déchéance de la libéralité a été prononcée avant que la validité du second mariage eût été attaquée, nous pensons que l'on est en présence de droits acquis qui doivent être respectés.

De même quand le veuf a sciemment contracté une union civile nulle pour pouvoir se marier religieusement et conserver ainsi la libéralité tout en se considérant comme marié en conscience, nous pensons qu'on doit prononcer la déchéance de la libéralité en vertu de la règle *fraus omnia corrumpit*.

Mais dans tous les autres cas nous nous refusons à croire que la libéralité peut devenir caduque, car ce serait faire produire des effets à une union nulle, ce qui est antijuridique.

Nous avons une dernière critique à faire à la jurisprudence. Celle-ci a été surtout établie par la Cour de cassation; or, nous pensons qu'il n'était pas dans sa compétence de connaître des difficultés présentées par notre condition. Les tribunaux font en effet dépendre la validité de la condition de viduité des motifs de son auteur ; or, l'appréciation de ces motifs, pure question de faits, devrait être de la seule compétence du juge du fait, car elle ne constitue pas une contravention expresse à la loi aux termes de l'article 3 de la loi du 1er décembre 1790 (1).

Avec le système que nous proposons et qui fait surtout dépendre la validité de notre condition des circonstances dans lesquelles se trouvent les veufs ou les veuves, le juge du fait doit pour les mêmes raisons apprécier souverainement dans chaque affaire s'il est porté atteinte à la morale et à l'ordre public.

Une dernière question reste à examiner, on a dit que l'on devait admettre la validité de la condition de viduité, parce que de nombreux textes de lois établissent des déchéances à l'égard des secondes noces. Nous pensons que si la base de l'ordre public repose pour nous sur la célèbre déclaration des droits de l'homme et du citoyen de 1789 qui n'a jamais été abrogée et qui a toujours été invoquée par tous ceux qui nous ont donné des constitutions démocratiques, il n'en est pas moins vrai que la notion

(1) Cf. Gauthier De La Chapelle, *Encyclopédie du Droit*, V° condition, n° 139.

d'ordre public n'est pas entièrement immuable et que les différentes lois hostiles aux secondes noces ne sont que des réformes partielles qui ne doivent pas être étendues par voie d'analogie.

L'étude des déchéances légales causées par le remariage n'en est pas moins le complément indispensable de notre sujet.

Elle va être la matière traitée dans notre troisième partie que nous diviserons en deux chapitres. Nous passerons en revue dans le premier les différents textes du Code civil relatifs à cette question, et dans le deuxième ceux des lois particulières.

Dans cette dernière partie nous ne chercherons pas tant à exposer les difficultés causées par ces déchéances légales, car ce travail a été fait dans de nombreuses thèses de doctorat et par des auteurs beaucoup trop considérables pour nous laisser quelque chose d'intéressant à dire; notre attention sera surtout portée sur la légitimité de ces déchéances et nous nous demanderons s'il n'y a pas lieu d'émettre des vœux en faveur de certaines réformes législatives.

TROISIÈME PARTIE

Des conditions légales de viduité.

CHAPITRE I

DES DÉCHÉANCES ÉTABLIES PAR LE CODE CIVIL

I

Le premier article qui se présente à nous est l'article 206 qui établit des droits réciproques à des aliments entre les gendres et les belles-filles à leurs beaux-parents, mais qui stipule que cette obligation cesse, si la belle-mère convole en secondes noces.

Cette dernière disposition a donné lieu à différentes difficultés.

On s'est demandé si l'on devait étendre cette déchéance au beau-père et à la bru.

On a répondu fort justement que toute déchéance est limitative et ne peut être étendue par voie d'analogie. Le législateur, du reste, n'a pas voulu assimiler le convol d'une femme âgée à celui d'un homme même déjà vieux, car il a estimé que l'homme ne vit que difficilement seul. Il n'a pas eu l'intention non plus d'étendre cette déchéance à la bru pour ne pas décourager une femme, presque toujours jeune, de se remarier et de donner des enfants à l'Etat.

On s'est demandé également, si la belle-mère, quoique déchue par son remariage du droit de demander une pension alimentaire à son gendre, peut, cependant, si elle est dans une bonne situation de fortune, être contrainte à lui fournir des aliments quand il est dans la misère. Le doute vient de ce que les obligations à aliments sont réciproques. Il n'en est pas moins certain que le Code en frappant la belle-mère d'une déchéance n'a pas voulu préjudicier au gendre qui n'a pas pouvoir pour l'empêcher de convoler en secondes noces.

Il importe de préciser la portée de notre déchéance. Il ne faut pas croire que si le législateur refuse des aliments à la belle-mère remariée, c'est parce qu'elle n'en a plus besoin, son nouveau mari étant chargé de les lui procurer ; l'obligation alimentaire, en effet, n'aurait de raison d'être que quand le second mari de la belle-mère est dans la nécessité lui-même ou qu'il est mort, la laissant dans le besoin.

Les motifs de la déchéance établie par l'article 206 sont faciles à connaître : il a paru ridicule au législateur qu'une femme âgée, qui n'a plus la charge de ses enfants, cherche à se remarier. Pour lui, de telles unions n'intéressent pas l'Etat, car elles ne peuvent lui donner des enfants, en revanche elle porte atteinte au bon sens et à la décence.

Cet article 206 est un de ceux qui nous montrent le mieux l'état d'infériorité dans lequel le Code civil tient les femmes. Tous les auteurs sont d'accord pour reconnaître que cette tendance du Code civil est due principalement à l'influence du premier consul.

Nous ne pouvons que protester contre la légitimité de l'article 206, nous irons jusqu'à dire qu'il constitue une tache dans notre législation : d'abord il n'est pas douteux que si la belle-mère vit en concubinage ou dans l'inconduite notoire, elle est mieux traitée que si elle s'est remariée, voilà qui est scandaleux ! ensuite il n'y a pas de raisons morales ou juridiques qui permettent à une législation d'être plus défavorable aux secondes noces des femmes âgées qu'à celles des hommes arrivés à la vieillesse.

Nous souhaitons donc vivement l'abrogation pure et simple de cette déchéance.

II

La femme ne peut contracter un nouveau mariage qu'après dix mois révolus (c'est-à-dire 300 jours depuis l'abrogation du calendrier républicain où les mois étaient tous de trente jours) depuis la dissolution de la précédente union, voilà ce que décide l'article 228.

Le motif principal sur lequel repose le délai de viduité, c'est d'éviter la confusion de parts. Mais ce motif est insuffisant pour l'expliquer complètement : pour éviter toute incertitude dans la paternité, il eut suffi de n'interdire aux veuves de se remarier que pendant les 120 jours qui suivent la mort de leur mari, puisque le Code reconnaît qu'une grossesse ne peut durer moins de 180 jours et plus de 300. Avec un délai de viduité ainsi limité : si l'enfant était né pendant la deuxième union mais dans les 300 jours qui ont suivi la mort du premier mari, on lui en aurait attribué la paternité ; s'il était né après, il aurait été réputé le fruit de la deuxième union.

Bien plus, on ne comprend pas pourquoi une veuve qui accouche peu de temps après la mort de son conjoint est encore tenue à respecter le délai de viduité.

Le législateur ne voulait donc pas seulement en édictant l'article 228 éviter la confusion de parts, il voulait aussi contraindre la veuve à porter le deuil de son mari. La discussion de cet article, dans la séance du 14 vendémiaire an X, au Conseil d'Etat, le prouve (1). Le projet, en effet, imposait un délai de viduité de trois mois aux veufs. Bonaparte voulait augmenter le délai pour les veuves. Le ministre de la Justice proposait un an. Si Cambacérès défendit avec

(1) V. Locré, *Législation de la France*, t. IV, p. 103.

succès le texte actuel, il n'en est pas moins vrai que le législateur a voulu un délai de dix mois pour les veuves, non seulement par crainte de la confusion de parts, mais encore par décence, afin d'imposer un minimun à leur deuil.

Nous pensons, quant à nous, que si toute bonne législation doit éviter les difficultés de la *turbatio sanguinis*, il n'est pas dans ses attributions de faire observer aux veuves le deuil de leur mari : le deuil est, avant tout, affaire de sentiment et un texte de loi est impuissant à le faire respecter. Nous croyons, d'autre part, qu'une veuve qui vient d'accoucher devrait pouvoir se remarier immédiatement, car elle peut avoir besoin tout de suite d'un mari à qui seul elle pourra réclamer honnêtement des ressources.

Si nous sommes moins favorable à ce que la législation autorise le remariage des veuves qui n'ont pas accouché, dès les cent-vingt jours qui suivent la mort de leur mari, nous ne méconnaissons pas que ces unions peuvent quelquefois rendre de grands services. Non seulement le second mari pourrait quelquefois prendre la charge d'une femme que sa santé ou ses jeunes enfants empêchent de gagner sa vie, mais encore ces secondes unions célébrées *in extremis* permettraient de légitimer des enfants naturels, nés avant la première union de la veuve, ou, depuis la loi du 7 novembre 1907, des enfants adultérins, alors qu'une très grave maladie du père ou de la mère peut les empêcher, vu un long délai de viduité, de réparer leur faute.

Nous n'examinerons pas les difficultés que présente la

sanction de l'article 228. Tous les interprètes du Code civil l'étudient, et ils sont presque tous d'accord pour admettre que cet article établit non pas un empêchement dirimant, mais un empêchement prohibitif prévu par l'article 194 du Code pénal qui punit d'une amende de 16 francs à 300 francs l'officier de l'Etat civil qui célèbre un remariage pendant le temps prohibé.

Quand la veuve s'est remariée, au mépris de l'article 228, il peut y avoir de grandes difficultés sur la paternité de l'enfant né entre les 180 jours qui ont suivi la célébration de la deuxième union et les 300 jours qui ont suivi la mort du premier mari. Le mieux sera de trancher cette question, par l'examen des circonstances de chaque affaire, qui pourront être souvent très convaincantes : le premier mari, par exemple, a succombé à la suite d'une longue maladie pendant laquelle sa femme a abusé de son manque de surveillance.

III

Le Code donne aux parents un droit de correction sur leurs enfants, c'est-à-dire le pouvoir de les faire emprisonner.

On distingue le droit de correction par voie d'autorité qui permet au père d'incarcérer ses enfants sans que la justice puisse s'y refuser, et le droit de correction par voie de réquisition qui n'accorde au père que la faculté de solliciter, du Président du Tribunal civil, l'ordre d'arrestation.

Le Code établit en cette matière des déchéances à l'égard des parents qui se remarient, mais cette fois le veuf est visé ainsi que la veuve, quoiqu'avec moins de sévérité.

D'après l'article 380 le père qui se remarie perd le droit de correction par voie d'autorité sur ses enfants d'un premier lit.

D'après l'article 381, la mère survivante ne peut faire détenir un enfant qu'avec le concours de ses deux plus proches parents paternels et seulement par voie de réquisition, mais si elle se remarie, son droit de correction se trouve anéanti.

Nous ne pouvons qu'approuver les dispositions de l'article 380, le père remarié peut subir les influences d'une marâtre et il est tout naturel que le Président du Tribunal contrôle si le père a de justes et graves griefs contre ses enfants ou s'il ne veut pas, au contraire, se servir de son droit de correction pour s'en débarrasser.

Nous irons même plus loin et nous estimons que le droit de correction par voie d'autorité n'est plus de notre âge, nous pensons en effet qu'un père de famille peut fort bien subir des influences de maîtresses autrement pernicieuses pour les enfants que celles d'une seconde femme ; aussi, souhaitons-nous qu'un père ne puisse plus emprisonner ses enfants sans le contrôle de la Justice.

Nous déplorons au contraire les dispositions de l'article 381. Certes, nous n'ignorons pas que le droit de correction est de nos jours de moins en moins usité, toutefois il peut rendre parfois de grands services. Voici un exemple :

Un enfant a commis sciemment un délit assez grave, un vol. Les intérêts de la société commandent qu'il soit poursuivi et qu'on le mette dans l'impossibilité de nuire à nouveau. Or, un procès devant le tribunal correctionnel est fort regrettable pour la réputation et l'établissement futur de cet enfant. Le Président du Tribunal peut inviter le père ou la mère d'user de leur droit de correction pour emprisonner l'enfant et, d'accord avec le Procureur de la République, faire arrêter l'action publique. Cet enfant, qui deviendra peut-être un jour un honnête homme, se verra ainsi épargner la honte d'avoir des inscriptions sur son casier judiciaire.

Voici, certes, un cas d'application des plus pratiques du droit de correction or, il devient impossible de l'employer quand la veuve s'est remariée ;

IV

L'article 386 du Code civil est un de ses articles qui contiennent des dispositions que l'on peut qualifier de bizarres. Il donne aux père et mère le droit de jouir des biens de leurs enfants, mais il établit la déchéance de ce droit pour la mère seule qui se remarie.

Certes, le droit des parents à la jouissance légale de leurs enfants nous a toujours paru plus devoir s'expliquer par des raisons historiques que par l'équité ; quoiqu'il en soit, nous ne pouvons approuver cette déchéance qui s'applique seulement à la veuve.

Nous devons d'autant plus la critiquer que la Jurisprudence étant obligée de l'interpréter d'une façon restrictive n'a pu assimiler la veuve qui vit en concubinage à celle qui s'est remariée (cf. Cass. 19 avril 1843, S. 43, I, 385).

Nous arrivons ainsi à ce résultat incroyable qu'une mère en vivant dans l'inconduite notoire peut se voir ôter la garde de la personne de ses enfants, l'administration de leurs biens, mais n'en conserve pas moins son usufruit légal qu'elle aurait perdu si elle s'était remariée. Avec l'article 386, le concubinage est sans aucun doute mieux traité que le mariage, si donc on admet que cette déchéance est légitime, une nouvelle loi doit l'étendre à ces cas.

Mais, d'autre part, il n'y a pas de raisons sérieuses qui ont permis de traiter moins avantageusement les secondes noces de la veuve que celles du veuf. Certes, objectera-t-on, si la veuve se remarie, ce sera son deuxième conjoint qui s'occupera de l'administration des biens de ses enfants. Mais on doit répondre que l'administration de la tutelle est indépendante du droit de jouissance légale et que si, d'autre part, ce droit était la récompense des soins donnés aux enfants, une veuve qui a convolé en secondes noces prend encore plus souci de leurs personnes qu'un père remarié.

La plupart des interprètes sont d'accord pour ne pas rendre le droit de jouissance légale à la mère qui, après s'être remariée, est redevenue veuve, car, remarquent-ils, aucun texte de loi ne permet de supposer qu'une veuve déchue par son remariage est réintégrée dans ses droits par son nouveau veuvage.

On s'est demandé, d'autre part, si la veuve est déchue de son usufruit légal quand son second mariage a été annulé.

La question est des plus controversée et il n'y a pas moins de trois systèmes.

Dans le premier, on voit dans le fait par la veuve de se remarier, une renonciation tacite à son usufruit légal : si sa seconde union est nulle, sa renonciation n'en est pas moins valable.

Nous estimons, quant à nous, que c'est mal interpréter l'article 386 que d'y voir une renonciation tacite, en réalité il édicte une véritable peine contre la veuve.

Dans le deuxième système on distingue suivant que la veuve était de bonne ou de mauvaise foi, quand elle a convolé en secondes noces. Dans le premier cas on la déclare déchue de son droit, car grâce à la théorie juridique du mariage putatif, son union, quoiqu'annulée, produit des effets civils en sa faveur ; elle doit donc en produire contre elle, suivant la règle *ubi emolumentum, ibi onus esse.*

Dans le second cas, au contraire, son union ne produisant pas d'effets civils, doit être considérée comme inexistante et ne réalisant pas, par conséquent, l'événement prévu par l'article 386 pour causer la déchéance de la veuve.

Dans le troisième système plus équitablement, on décide que la veuve de bonne foi ne peut pas être moins bien traitée que celle de mauvaise foi et plus judicieusement on estime que si quelquefois un mariage nul produit certains effets en vertu de la théorie du mariage putatif, pure fiction juridique, cette théorie ne doit pas préjudicier à l'époux de bonne foi.

V

L'article 395 établit à l'égard des veuves qui ont la tutelle de leurs enfants, une déchéance importante quand elles convolent en secondes noces : il dispose en effet que la mère tutrice doit, préalablement à son remariage, convoquer le conseil de famille pour qu'il décide si la tutelle lui sera conservée, sous peine de la perdre de plein droit et d'être solidairement avec son second mari responsable de toutes ses suites, si elle la conserve indûment.

Tous les auteurs s'accordent avec raison pour considérer cette mesure comme étant d'une sagesse irréprochable et comme ne présentant aucun inconvénient. Les femmes sont généralement enclines à confier le soin de leurs affaires à leur mari ; il est donc tout naturel de demander au conseil de famille, dont font partie les proches parents du père, s'il a confiance dans les qualités d'administrateur du futur beau-père.

Ces motifs nous font comprendre pourquoi le Code n'a pas frappé de la même déchéance les veufs qui se remarient ; le législateur a présumé que les maris ne subissent pas l'influence de leurs femmes pour la gestion de leurs affaires.

Si la mère au mépris de l'article 395, se remarie sans convoquer le conseil de famille, celui-ci doit se réunir au plus tôt et pourvoir à la nomination d'un nouveau tuteur. On admet que ce conseil de famille peut encore maintenir la veuve dans ses fonctions. Mais dans ce cas, la mère réintégrée n'exerce plus une tutelle légitime mais une tutelle dative (1), d'où il suit qu'elle perd le droit de choisir elle-même, en mourant, un tuteur à ses enfants et qu'à sa mort la tutelle doit passer non pas de plein droit aux ascendants, mais à un autre tuteur datif.

Quand la mère remariée redevient veuve, elle ne recouvre pas la tutelle légale de ses enfants, car l'article 395 a prononcé sa déchéance et aucun texte de loi ne la réintègre dans ses droits.

Il n'est pas douteux non plus que si la mère s'est vu retirer la tutelle, elle n'en est pas moins admise à faire partie du conseil de famille. Cf. Bruxelles, 30 mai 1810, S. 10, II, 398.

(1) Cass., 26 février 1807, *Pand. fr.* Chr. I, 1.67.

Nous devons signaler enfin l'opinon de la majorité des auteurs et de la jurisprudence qui rend le cotuteur de fait, c'est-à-dire le second conjoint d'une veuve qui n'a pas pris soin de se faire confirmer préalablement dans ses fonctions, solidairement avec elle de toutes les suites de la tutelle indûment conservée, en y comprenant même les suites de tous les actes antérieurs à son union sans aucune exception ni réserve.

Avant d'en terminer avec les déchéances de la mère tutrice, nous avons à mentionner l'article 400 qui dispose que quand la mère remariée et maintenue dans la tutelle, conformément à l'article 395, fait choix d'un tuteur aux enfants de son premier mariage, ce choix n'est valable qu'autant qu'il est confirmé par le conseil de famille.

On peut se demander en quoi peut bien consister le droit, ainsi limité, laissé à la veuve de choisir un tuteur, puisque le conseil de famille est toujours libre *ex mero arbitrio* de le confirmer ou de le rejeter : la femme propose, le conseil de famille dispose, dira-t-on, elle n'a donc qu'un simple droit d'initiative.

On doit cependant admettre, pour donner à l'article 400 un certain intérêt pratique, que si le conseil de famille ratifie le choix fait par la mère, on est en présence d'un tuteur testamentaire et non pas d'un tuteur datif, d'où on peut conclure que le tuteur choisi par la mère sera tuteur malgré la présence des ascendants du pupille et à leur exclusion.

VI

L'article 1098 est de toutes les déchéances établies par le Code civil celle qui trouve son application le plus souvent en pratique. Il restreint la quotité des biens dont peut disposer en faveur de son second conjoint un père ou une mère qui a des enfants d'un premier lit. Cette quotité ne peut excéder une part d'enfant légitime le moins prenant sans, qu'en aucun cas, elle ne puisse être supérieure au quart de sa fortune.

On voit que cette quotité disponible est toujours plus faible que celle prévue par l'article 1094. Le législateur a donc beaucoup redouté l'influence d'un second conjoint généralement peu disposé en faveur des enfants d'un autre lit que le sien.

Nous voulons bien admettre ces motifs, mais sous une réserve, nous estimons en effet que l'influence d'un amant ou d'une concubine est beaucoup plus dangereuse que celle d'un second conjoint et pourtant l'article 1098 ne permet pas de les frapper de cette déchéance (Cf. Alger, 10 mars 1879, D. 80, II, 224.) Comme dans cette thèse, nous avons toujours défendu l'institution du mariage et nous n'avons jamais admis qu'il soit moins bien traité par la loi que le concubinage, nous ne considérons l'article 1098 comme légitime qu'à la condition de le compléter, en assimilant à un second conjoint, celui qui vit maritalement avec l'époux survivant.

L'article 1098 soulève diverses difficultés dans son application.

On doit se demander tout d'abord ce qu'il désigne par part d'enfant le moins prenant.

La presque unanimité des auteurs pensent que cette part est égale au quotient obtenu en divisant la masse des biens composant la succession du père ou de la mère, diminuée des libéralités faites par préciput à des tiers ou à certains enfants par le nombre des enfants augmenté d'une unité.

Si, par exemple, une mère laisse cinq enfants, elle ne peut léguer à son second conjoint que le sixième et non pas le cinquième des biens composant sa succession et encore sous cette condition de ne pas faire d'autres libéralités.

L'article 1098 soulève une autre difficulté qu'on rencontre rarement dans la pratique, mais qui n'en est pas moins intéressante à examiner au point de vue juridique.

Un époux peut convoler plusieurs fois, on doit se demander s'il a le droit par donation entre-vifs ou par testament de laisser à chacun de ses conjoints l'équivalent d'une part d'enfant le moins prenant.

Voici un exemple : un époux a eu trois femmes et quatre enfants, a-t-il pu laisser à chacune d'elles le septième de ses biens.

La plupart des auteurs admettent, comme nos anciens

jurisconsultes, que cet époux ne peut pas laisser à ses trois femmes plus de biens que s'il n'en avait eu que deux. L'Edit des secondes noces employait en effet le pluriel : « à leurs nouveaux marys ». Mais on peut répondre que le pluriel était commandé par le commencement de la phrase : « ordonnons que femmes veufves si elles passent à nouvelles nopces... » et que du reste l'Edit des secondes noces est aujourd'hui abrogé.

Nous préférons, quant à nous, croire avec Duranton que l'article 1098 permet à l'époux qui se remarie plusieurs fois de disposer en faveur de chacun de ses nouveaux conjoints d'une part d'enfant le moins prenant ; nous nous croyons d'autant plus fondé dans notre opinion que cet article parle « de second ou subséquent mariage » ; mais comme, d'autre part l'article 1098 implique une restriction à la liberté de disposer, nous estimons que les biens donnés à plusieurs conjoints ne peuvent jamais excéder la quotité disponible prévue par l'article 1094.

Avant d'en finir avec l'article 1098, remarquons que cet article ne s'applique qu'au second ou subséquent mariage, les enfants de ces lits ne pourraient donc pas faire réduire des libéralités faites au premier conjoint comme excédant une part d'enfant alors qu'elles n'excèdent pas la quotité disponible prévue par l'article 1094.

CHAPITRE II

DES DÉCHÉANCES ÉTABLIES PAR DES LOIS POSTÉRIEURES AU CODE CIVIL

I

Mentionnons tout d'abord une déchéance qui n'a jamais présenté un grand intérêt pratique.

En vertu du décret du 1er mars 1808, articles 48 et 49, la veuve, s'il en existait une au moment de la mort d'un titulaire de majorat, pouvait prélever sur les revenus de ce majorat une rente viagère. Napoléon Ier ressuscitait ainsi, comme on l'a fort bien dit, d'une façon indirecte, l'ancien douaire.

La quotité de cette rente viagère variait suivant que le titulaire du majorat laissait des enfants mâles, dans ce cas elle s'élevait à la moitié des revenus, dans le cas contraire elle n'était que du tiers.

La veuve était déchue de son droit à cette rente viagère,

si elle venait à se remarier sans l'autorisation de l'Empereur. Cette législation avec cette déchéance avait pour but de créer une nouvelle noblesse et de l'assujettir complètement à l'autorité impériale; elle reposait donc sur des idées anti-démocratiques et ne pouvait que disparaître.

II

La matière des retraites des veuves de fonctionnaires nous donne des cas intéressants de déchéances causées par les secondes noces.

En vertu de la loi du 11 avril 1831, on sait que les veuves des militaires ont droit au tiers de la pension de leurs maris si : 1° elles se sont mariées au moins deux ans avant la cessation d'activité ou du traitement militaire de leurs maris, à moins qu'il n'y ait des enfants issus de leur mariage; 2° elles ont été autorisées à se marier, dans les conditions requises par les règlements militaires; 3° et s'il n'y a pas eu de jugements de séparation de corps prononcés contre elles. Si leurs maris sont morts sur le champ de bataille ou en service commandé, les veuves reçoivent leurs pensions, même si leurs mariages n'ont pas deux ans de date, pourvu qu'ils soient antérieurs aux événements de guerre ou aux blessures qui ont occasionné leur mort.

Or, l'article 31 de la loi du 9 juin 1853, applicable également aux pensions civiles, défend aux veuves qui ont droit à plusieurs pensions leur provenant de plusieurs maris, de les cumuler au delà d'une somme s'élevant annuellement à six mille francs. Les veuves peuvent toutefois demander qu'on leur serve la plus forte pension leur provenant d'un de leurs maris, même si elle s'élève à une somme supérieure à ce chiffre.

La loi du 5 août 1879 s'est montrée encore plus prudente, à propos des pensions du personnel du département de la Marine et des Colonies, prévoyant que les marins sont extrêmement exposés dans leur existence, elle limite, dans son article 11, le droit pour leurs veuves de cumuler leurs pensions au delà de la somme annuelle de quinze cents francs.

Nous ne désapprouvons pas ces déchéances, les pensions de retraite sont faites en effet pour subvenir aux besoins des veuves, elles ne doivent pas leur servir de prétexte à spéculer sur la mort de leurs maris.

L'article 26, alinéa 3 de la loi du 11 avril 1831, établit une déchéance spéciale contre ceux qui jouissent des pensions militaires, il dispose que le droit à la pension cesse si son bénéficiaire perd sa qualité de Français. Comme cet article ne contient point de réserve à l'égard des veuves, la jurisprudence en a conclu que leurs droits à la pension sont également suspendus dans ce cas.

Il y a lieu de remarquer qu'une femme perd beaucoup plus facilement sa nationalité qu'un homme, puisqu'elle acquiert par son mariage celle de son mari : une veuve de militaire français peut donc subir ainsi une véritable déchéance.

Bien plus, les enfants du militaire défunt dont la mère a ainsi perdu sa nationalité ne jouissent pas dans ce cas des secours qu'ils auraient s'ils n'avaient plus eu de mère à la mort de leur père ; car les articles 20 et 21 de la loi du 11 avril 1831 n'ont prévu que le cas de séparation de corps prononcée contre la mère pour l'assimiler à celui où elle est morte ; or, nous savons qu'on ne peut étendre les exceptions par voie d'analogie.

Nous approuvons, quant à nous, la déchéance dont est frappée la veuve qui épouse un étranger, mais seulement dans le cas où elle va se fixer à l'étranger ; nous déplorons au contraire l'application de notre déchéance quand la veuve, remariée à un étranger, continue à habiter en France, car si on peut espérer d'une part que son second mari se nationalisera un jour, on peut craindre, d'autre part, que, par cette déchéance, la veuve soit poussée à vivre en concubinage plutôt que d'être exposée à vivre dans la misère.

Quoiqu'il en soit, nous pensons que l'unanimité des auteurs qui ont examiné la question, souhaitent de voir le législateur donner aux enfants d'un militaire français, dont les mères ont été déchues de leurs droits à leur pension par leur remariage avec des étrangers, les mêmes droits que si elles étaient mortes.

Les pensions civiles de l'Etat, sauf ce qui a été dit sur

la question du cumul, ne présentent pas pour les veuves des causes de déchéance en cas de convol.

Mais certaines collectivités, par exemple certaines villes, ou départements, ont cru bien faire en décidant que les veuves ne pourraient conserver leurs droits à leur pension, si elles se remariaient. Le Conseil d'Etat et le Ministère de l'Intérieur se sont toujours élevés contre de telles dispositions, « qui, comme il est fort bien dit dans une lettre du Ministre de l'Intérieur au préfet du Nord du 21 février 1891 à propos de la caisse de Gravelines, doivent être rejetées pour des raisons de haute moralité ».

Plusieurs départements et de nombreuses communes n'en ont pas moins maintenu notre déchéance et ils donnent comme raisons que : « par suite d'une destination limitée, comme le sont leurs ressources, leurs caisses ne peuvent se proposer pour objet de favoriser l'accroissement de la population avec les économistes, non plus que de prévenir les chances d'inconduite, avec les moralistes, si excellentes que soient les décisions prises dans ce sens (1) ».

Ces départements et ces communes reprennent alors l'argument que nous avons examiné dans notre deuxième partie : La veuve qui n'est pensionnée qu'en considération des services rendus par son premier mari, a toujours le

(1) V. Décision du Conseil général du département du Nord. 28 août 1882.

droit de se remarier, mais à condition de renoncer à ses droits à la retraite.

Parmi les caisses de retraite les plus importantes qui admettent notre déchéance, citons : la Caisse des Retraites de la préfecture de la Seine et des employés de divers services municipaux (1), ainsi que la caisse de retraite des employés du département du Nord.

III

La loi du 14 juillet 1866 (article 1er) sur les droits d'auteurs accorde au conjoint survivant la jouissance des œuvres de l'auteur prédécédé.

Ce même article dans son alinéa 4 décide : « que la jouissance des œuvres littéraires et artistiques du conjoint décédé cesse, lorsque le survivant contracte un nouveau mariage ».

Le législateur a pensé que la nouvelle union devait subvenir à ses besoins avec ses propres ressources et non avec des revenus attachés en définitive à la personne du premier conjoint ; il a craint également que l'époux remarié ne se préoccupe plus guère de la mémoire littéraire de son premier conjoint qu'il présume être oublié.

L'éditeur qui traite avec une veuve doit donc toujours

(1) V. Décret du 4 juillet 1806.

craindre de perdre son droit basé sur un usufruit aussi fragile et il est à remarquer qu'il ne peut, si la veuve se remarie, lui réclamer des dommages-intérêts, car ce serait l'entraver dans la liberté qu'elle a de convoler en secondes noces.

IV

Mentionnons une déchéance qui n'a plus aujourd'hui qu'un intérêt historique.

En vertu de l'article 21 de la loi militaire du 15 juillet 1889, les fils aînés de veuves étaient dispensés de deux années de service militaire ; mais aux termes de l'article 25 de la même loi, lorsque la mère se remariait, le jeune homme redevenait soumis à toutes les obligations de la classe à laquelle il appartenait, c'est-à-dire, qu'il était obligé soit de parfaire ses trois années, soit de retourner au régiment et d'y rester jusqu'à la libération de sa classe, à moins qu'il n'ait d'autres dispenses à faire valoir.

V

L'article 767 alinéa 8 du Code civil modifié par la loi du 9 mars 1891 établit certainement la déchéance la plus importante que nous ayons à étudier dans ce dernier chapitre.

On sait que le Code civil ne donnait pas au conjoint survivant de droits sur la succession de son époux prédécédé, sauf celui d'héritier irrégulier lorsque le défunt ne laissait pas de parents.

Une réforme s'imposait, la loi du 9 mars 1891 la réalisa.

Cette réforme fut précédée d'une consultation de la Cour de cassation, des Cours d'appel et de toutes les Facultés de Droit de France ainsi que de nombreux projets de loi, en particulier le projet Delsol, déposé en 1872.

Cette loi allait donner au conjoint survivant qui ne bénéficiait pas de libéralités plus larges faites par le défunt, l'usufruit de la moitié de sa fortune si le défunt ne laissait pas d'enfants, du quart en cas d'existence d'enfants issus de leur union, et même seulement l'usufruit d'une part d'enfant le moins prenant, s'il avait des enfants d'un premier lit.

On discuta beaucoup lors de la confection de cette loi, si les secondes noces de l'époux survivant mettraient fin à cet usufruit.

Le projet Delsol, les Facultés de Caen, Grenoble, Toulouse, Aix, Rennes et la Cour de Nancy, admettaient d'une façon absolue que l'usufruit devait cesser en cas de convol. On disait en effet que ce droit reposait sur une présomption d'affection du défunt, base qui n'existait plus avec le convol, même s'il n'y avait pas d'enfants. On faisait en outre valoir que l'époux en se remariant ne pouvait faire jouir son nouvel époux des ressources de son premier, et qu'il y avait, du reste, analogie entre ce nouveau droit d'usufruit et l'article 386 du Code civil, ainsi que la loi du 14 juillet 1866 sur les droits d'auteurs.

Les Facultés de Paris, Douai, Nancy, Poitiers, les Cours de Lyon, Besançon, refusaient d'admettre d'une façon absolue notre déchéance en disant que l'on peut assimiler cette nouvelle vocation héréditaire à celle qu'a l'époux survivant quand il recueille la totalité de la succession de son conjoint à titre d'héritier irrégulier ; or, dans ce cas il n'y a pas de déchéance en cas de convol.

Quelques cours, notamment celle d'Amiens, préconisaient la solution intermédiaire qui a été adoptée.

Il n'est pas contradictoire d'édicter cette cause de déchéance seulement quand le défunt laisse des enfants : car si l'époux décédé n'a pas d'enfant il peut vraisemblablement préférer son conjoint même remarié à ses autres parents ou à l'Etat ; tandis que s'il a des descendants, ses intentions ne peuvent plus faire de doute : il est moral et équitable de les laisser jouir de suite de l'héritage paternel au préjudice d'un étranger qui leur est souvent hostile.

Nous approuvons d'autant plus les dispositions de l'article 767 que l'époux, même s'il se remarie, ne peut que difficilement tomber un jour dans la misère, car s'il perd ses droits d'usufruit, il conserve le plus souvent le droit de demander à ses enfants une pension alimentaire. Mais conformément aux idées que nous avons toujours défendues, nous voudrions que l'article 767, alinéa 8, soit complété en ce sens que les tribunaux aient désormais le droit de prononcer la déchéance de son usufruit quand l'époux survivant sans se remarier vit dans le concubinage ou l'inconduite notoire.

VI

Enfin signalons une dernière déchéance.

On n'est pas sans ignorer qu'en vertu de la loi du 9 avril 1898, article 3, sur les accidents de travail, le conjoint survivant a droit à une rente viagère s'élevant au cinquième des salaires touchés annuellement par l'époux dont la mort a été occasionnée par un accident de travail.

L'alinéa 7 de cet article stipule : « En cas de nouveau mariage, le conjoint cesse d'avoir droit à la rente mentionnée ci-dessus ; il lui sera alloué, dans ce cas, le triple de cette rente à titre d'indemnité. »

On a dit lors de la discussion de cette loi pour expliquer cette disposition que le nouveau conjoint remplace la victime de l'accident pour ce bénéficiaire de la rente et que, comme il n'y a plus de préjudice, la rente qui en était la réparation devait cesser du même coup.

On a déclaré, d'autre part, et le texte de notre article confirme cette opinion, que le législateur dans cette disposition avait voulu non pas établir une déchéance à l'égard des secondes noces, mais au contraire les favoriser, car :

un jeune ménage a plus besoin d'avoir immédiatement des capitaux que des rentes.

Nous pensons quant à nous, que l'extinction d'une rente, viagère par le paiement de trois années d'arrérages est le plus souvent une opération très désavantageeuse pour le rentier : si le législateur n'a pas voulu établir ici de déchéance contre les secondes noces, il aurait bien du laisser au conjoint en se remariant le droit d'opter entre la continuation du service de sa pension et le paiement d'un capital fixé arbitrairement par notre loi.

Du reste, il est faux de dire que le conjoint survivant d'une victime d'un accident de travail ne souffre plus de l'accident quand il s'est remarié : sans tenir compte des peines qu'il a éprouvées par la perte de son premier conjoint, peines qu'un second mariage ne fait pas toujours oublier, car il est le plus souvent imposé par les nécessités de l'existence, il y a lieu d'observer que ce second mariage jouira le plus souvent d'une situation pécuniaire moins brillante que le premier.

Nous souhaitons donc que la loi du 9 avril 1898 donne au conjoint survivant de la victime d'un accident de travail le choix en se remariant d'exiger ou le versement d'un capital fixé au triple de la rente, ou bien la continuation du service de cette dernière.

Nous sommes maintenant arrivé au terme de notre travail, nous nous sommes efforcé de défendre dans cette thèse la morale, l'ordre public ainsi que l'intérêt des enfants, nous avons cherché à concilier des grands principes qui s'opposaient souvent les uns aux autres dans leur application, enfin nous nous sommes appliqué à réunir en un seul ensemble les documents historiques, législatifs, judiciaires et doctrinaux qui se rapportent à notre sujet ; nous serions heureux si ce travail pouvait être utile à ceux qui s'intéressent à cette question.

TABLE DES MATIÈRES

PREMIÈRE PARTIE

Historique.

DEUXIÈME PARTIE

La condition de viduité.

TROISIÈME PARTIE

Des conditions légales de viduité.

Imprimerie Bussière. — Saint-Amand (Cher).

www.ingramcontent.com/pod-product-compliance
Ingram Content Group UK Ltd.
Pitfield, Milton Keynes, MK11 3LW, UK
UKHW020339230726
13925UKWH00003B/874

9 782013 61729